拖延心理分析课

如何除掉阻碍你行动的顽疾

楚桑 ◎ 编著

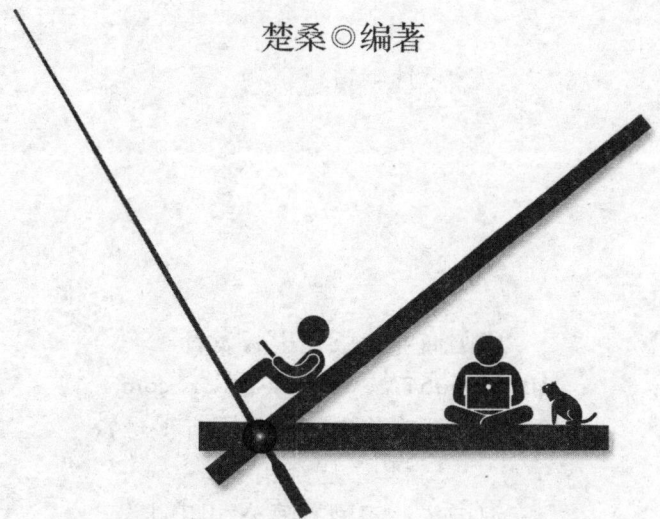

中国商业出版社

图书在版编目（CIP）数据

拖延心理分析课：如何除掉阻碍你行动的顽疾／楚桑编著．—北京：中国商业出版社，2019.12
ISBN 978-7-5208-0915-3

Ⅰ.①拖… Ⅱ.①楚… Ⅲ.①成功心理—通俗读物 Ⅳ.①B848.4-49

中国版本图书馆 CIP 数据核字（2019）第 212680 号

责任编辑：袁娜

中国商业出版社出版发行
010-63180647　www.c-cbook.com
（100053　北京广安门内报国寺 1 号）
新华书店经销
三河市华润印刷有限公司印刷
*
710 毫米×1000 毫米　16 开　14 印张　160 千字
2019 年 12 月第 1 版　2019 年 12 月第 1 次印刷
定价：39.80 元
* * * *
（如有印装质量问题可更换）

前言

拖延行为在生活中很普遍，几乎每个人都有拖延行为，只是程度不同。关于拖延，发生原因各不相同，有的纯粹是因为懒，缺乏原动力，什么活都不想做；有的是因为追求完美，为了让每个细节达到自己设定的标准，拖延了工作进度；有的是因为害怕失败，不敢开始；有的是因为目标任务太难，不知道该怎么做；还有的是因为害怕成功，会改变目前的舒适生活……

"拖延"到底是不是病呢？医学上，没有拖延症这个名词。这是因为在常人眼中，拖延还没有到"病"的程度。但是它确确实实是心理问题，一个拖延者，往往同时具有几种心理问题。因为拖延症的普及和危害，现在拖延症已经成为管理学家和心理学家研究的一个重要课题。

在互联网如此发达的时代，撇开心理因素来看，造成拖延的较大原因，是因为诱惑而导致分心。就拿网络游戏来说，精明的商家把很多优秀的心理学家请去设计网络游戏，他们的目的是让这些设计者，通过分析人的心理状态,找出人类意志力薄弱的环节,从而制造出吸引人眼球,刺激人大脑的各种游戏。玩家意志力薄弱,在商家精心的设计中,可谓是败得一塌糊涂。很多人的时间就是这样浪费的,工作和生活中的拖延也就司空见惯了。

之所以习惯拖延,是因为自控力低下,意志力缺乏,而潜藏在背后的是我们看不见的心理问题:对成功的渴望,对失败的恐惧;对今天的放任,对明天的期望;对自我能力的怀疑,又想超越自我……各种矛盾和纠结,让自己处于焦虑、烦躁、不自信等负面情绪中,于是迟迟不肯行动,造成事事拖延,最后成为一个不折不扣的严重拖延者。

拖延,会缩短我们生命的长度,冲淡我们追求成功的热情,消磨我们昂扬的斗志,让成功离我们越来越远。不管何种原因导致拖延,其带给人们的最终结果,都是浪费时间。时间看似无限,但是对每个生命来说却是有限的,正是因为生命有限,珍惜时间等于珍惜生命。要想让生命更有意义,让时间的价值最大化,就要远离拖延,战胜拖延,和时间做朋友。

拖延行为并非无药可救,只要找到合适的方法,再加上自身的意志力,它是一定能够被战胜的。本书从拖延的根源和拖延的危害说起,再到人体结构与拖延的关系,接着剖析拖延的心理问题,从多方面层层深入,最后根据各种拖延原因,总结出改掉拖延行为的实用方法。

当战胜拖延行为后,你会发现没有拖延的人生,好比是给自己创造了一片新天地。原本以为遥不可及的生活,因为没有拖延,正在慢慢向自己靠近。祝愿那些有拖延行为的朋友,及早摆脱拖延的困扰,开启属于自己的美好人生!

目录
Contents

第一章
认清拖延：不辜负生命的美好

准确认识拖延行为 / 002

不良心理因素导致的拖延 / 006

拖延症和懒惰的区别 / 009

我们都是拖延症患者 / 012

总喜欢拖延的你，到底在害怕什么 / 016

心灵有了破窗，拖延便乘虚而入 / 020

每次拖延，都是对生命的辜负 / 022

| 027 | **第二章**
负面效应：拖延带来的危害 |

  拖延让你沉溺在悲观的情绪之中 / 028

  拖延，只会暴露你的缺点 / 032

  拖延会导致冲动 / 035

  拖延容易丧失自信 / 037

  拖延是导致平庸的罪魁祸首 / 041

  没有明确的目标和价值观 / 044

  不思进取，安于现状 / 048

053 第三章
日常管理：用良好习惯战胜拖延

明天正在成就拖延 / 054

保持专注，一心一用 / 057

做好桌面收纳 / 060

明确做事目标 / 063

把待办事项做醒目标志 / 066

互相监督，他人帮助胜过单打独斗 / 069

压力非动力，别美化压力 / 072

适当奖励自己 / 074

第四章
立即行动：不给拖延任何机会

拖延不是解决问题的办法 / 080

遇见困难，迎难而上 / 083

目标与执行一体化 / 086

不管怎样，先开始 / 089

避免成为语言的巨人，行动的矮子 / 092

责任加行动，双管齐下战拖延 / 095

从最简单的工作开始 / 098

一页笔记战拖法 / 101

成功者必是立即行动者 / 103

109　第五章
时间管理：把每一秒钟充分利用起来

拖延者必须学会时间管理／110

一天34枚金币，懂得时间的宝贵／113

工作分轻重缓急，四象限法则时间管理／116

"甘特图"时间管理法／120

不给自己太长时间／123

十分钟的妙用／125

"20/80法则"让你的时间增值／128

吞青蛙，战拖延／133

提高认知和管理时间的能力／135

第六章
自我超限：完成比完美更重要

别让追求完美害了你 / 142

是什么信念让完美主义者拖延 / 146

直视童年阴影，治愈完美主义 / 150

用成长的心态瓦解完美主义信念 / 153

制订有截止日期的计划 / 155

做完事情，要胜于完美收工 / 158

"拆"字诀，高效解决拖延 / 160

163 第七章
自控法则：先管控自己再解决拖延

本能脑和情绪脑必须和谐统一／164

自律是战胜拖延的捷径／168

不为拖延找借口／171

学会延迟满足／174

切断外界诱惑／178

拒绝没必要的事情／180

强健的体魄有利克服拖延／183

187 第八章
告别拖延：美好人生就此开启

激发工作热情 / 188

走出舒适区，突破自己 / 191

学会用"互惠定律" / 195

未完待续也是一种驱动力 / 197

态度不同，结果不同 / 200

积极暗示，让自己乐观起来 / 203

不要总在潜意识里想着失败 / 206

第一章
认清拖延：不辜负生命的美好

　　珍惜时间就是珍惜生命，只要有要做的事就该立即行动，不要拖延，才能让时间更有价值，让生活更加充实，让生命更有意义。余生很贵，不能浪费。我们一定要想办法克服拖延，努力得到自己想要的东西，不辜负生命的美好！

准确认识拖延行为

当从事某项活动的过程中进行有目的地推迟，任务不能在规定期限内完成，或者到最后期限时才开始，这种做事拖拉或懒散的习惯，属于"拖延"行为。在生存竞争激烈的今天，拖延行为十分普遍，甚至成了部分人工作和生活的习惯。

从心理学角度说，拖延是人的一种本能。在普通人群中，25%的人认为拖延是一个严重问题，40%的人曾因拖延而遭受经济损失。在大学生中，拖延也普遍存在，一项调查显示，大约75%的大学生认为自己有时拖延，50%的大学生认为自己一直拖延。

如果一任"拖延"行为进行下去，会对工作和生活造成不利的影响。当工作和生活因为拖延而不顺利时，导致情绪低落，出现强烈的自我责备和负罪感，从而产生一系列贬低自我、否定自我、怀疑自我的负面情绪，并产生焦虑症、强迫症和抑郁症，当这些症状出现时，拖延行为便变成了"拖延症"。拖延症是指自我调节失败，明知道拖延会给自己带来严重的后果，却仍然把要完成的任务往后推的一种行为。

从生理学根源研究，拖延症与前额叶皮层的功能有关。前额叶皮层脑区负责大脑的执行功能，如对计划、冲动等的控制和注意力。同

第一章
认清拖延：不辜负生命的美好

时，还能降低来自其他脑区分散注意力的刺激，起到过滤器作用。如果前额叶皮层受到损伤或者活动性低，会降低其过滤干扰刺激的效率，从而使处理任务的组织能力变差。

拖延行为具有三个明显的特征：自愿、逃避和非理性。

第一，拖延是个体自愿选择的一种行为，不是受他人威胁不得已而为之的，也不是因为突发事件而客观延误的。第二，找各种借口逃避，明明事情很重要，拖延者不愿马上采取行动，而是不断给自己找拖延的理由，远远避开目标任务。第三，拖延是个体的非理性行为。明明知道这件事情必须要完成，明明知道拖延会带来不良后果，还是选择拖延，直到最后期限来临，才不得不着手去做。

根据状态不同，拖延行为可以分为消极拖延和积极拖延。所谓消极拖延，是不能按时完成任务；所谓积极拖延，是有些人认为压力即动力，在紧迫的工作时间中，更能集中注意力，更能出色地完成任务。

拖延症具体表现为：

1. 拖延是部分人的生活方式

拖延现象普遍存在，其中有 20% 的人认为自己长期拖延，知道拖延带来的害处，却无法改变这种陋习，拖延成为他们的一种生活方式。任何任务都要等到最后期限才去完成，甚至等想去做时，早已过了最后期限。

2. 拖延是自我调节的问题

每个拖延者都会找到各种拖延借口，哪怕不惜编织一个谎言。我们常常宽容别人的拖延行为，认为这不是一个严重的问题，从而导致拖延者对拖延行为失去准确的理解。

3. 拖延是生活的陋习

拖延不是时间管理或计划方面的问题，而是一种生活陋习。法拉利说："要一个拖拉的人做一个有计划的人，就像让一个长期消沉的人马上振奋起来一样。"

4. 拖延并不是与生俱来的

"人之初，性本善"。同样，每个人的拖延行为不是天生的，很多是由环境造成的。如果童年时父母对孩子管教太严，孩子会以拖延来反抗；如果周围的人对拖延者持宽容态度，就助长了这种陋习行为。

5. 拖延者容易对自己撒谎

拖延者知道拖延不好，却还是习惯性拖延，这就需要给自己找合理的借口，于是，只能对自己不断撒谎。比如在拖延时认为"等明天做，我能做得更好"，或者"紧迫的时间更能激发我的创造力"等等，找些自欺欺人的理由，其实是享乐主义思想在作怪。

6. 拖延者习惯找消遣

互联网时代，一打开电脑，就会跳出各种消息，点开链接，就会一个接一个弹出各种消息，不知不觉就消耗了很多时间。还有微信、QQ、微博等社交软件，随便一刷，几个小时就过去了。拖延者拿各种消遣逃避做事，这时人的精神处于涣散状态，如果想要集中注意力做事，是很困难的。

7. 不同的拖延原因

不同的人有不同的拖延方式。有寻找刺激型，享受最后期限完成任务带来的快感；有回避失败而恐惧的逃避型，过于在乎别人对自己

第一章
认清拖延：不辜负生命的美好

的看法，如果目标完成得不够好，便希望别人认为他是因为不努力而不成功，而不是能力不足；还有一类属于决心型，这类拖延者对于未来不能充满希望而有所迷茫，最后不能下定决心，从而拖延任务，最后变成不作为。

拖延行为是一种陋习，而拖延症是一种病，心理学研究者以以下三个标准，来界定一个人是否患有拖延症：

1. 拖延症指的是非必要、后果有害的推迟行为。即一种行为阻碍你达到预期目标，它没有必要存在，仅仅是主观上想要拖延。

2. 因拖延造成情绪不良，有强烈的负罪感，巨大的精神压力，产生焦虑的情绪，你总是处于紧张和恐慌的状态中，导致工作效率低下。

3. 拖延会引起恶性循环，慢性或长期的拖延行为，造成生理和心理紊乱，不但影响事业发展，而且对身体健康也极为不利。

很多人深受拖延带来的苦恼，这种行为并非只存在于普通人群中，很多成功者也同样深受其害。

法国大作家雨果就是一个拖延者，喜欢参加各种社交活动，这些社交活动占据了他太多的时间，导致写作进度缓慢。在写《巴黎圣母院》时，为了改变拖延行为，他把自己的头发和胡须剪去一半，让自己的形象很糟糕，还让管家藏起他的衣服，赤身裸体地在房间里写作。他用这样的方法逼迫自己呆在家里，也不好意思接见来拜访的人。

雨果这样做的目的就是强迫自己集中注意力做事，改掉拖延的恶习。谁都知道拖延的害处，却很少有人能成功改变，很多人以为没有办法战胜它。其实并非如此，拖延症不是不治之症，只是很多人没有强大的精神力量和行为能力。只要能准确认识它，找到合适的方法，再加上自我约束，并持之以恒地坚持，必能战胜拖延症。

不良心理因素导致的拖延

拖延存在于各种群体中，这些群体包括事业有成的企业家，光鲜亮丽的都市白领，普通的一线员工，还有大量的学生……他们不分职业、年龄、性别等。因为拖延，他们身后总是堆积着永远都处理不完的事。

根据人的认知闭合需求，如果一件事没有完结，就会始终挂在心上。拖延者都知道拖延的害处，拖延过程也挺折磨人，可是为什么他们却仍然选择拖延呢？

心理学家在研究的过程中发现，很多人之所以选择拖延，是因为他们受到即时满足心理的影响。当一个人偏好即时满足，就不善于忍耐，也不会做长远的计划，更不懂延时满足。偏好即时满足的人在未来面对不确定因素时，倾向于立即满足的欲望。比如一个人想要去健身房锻炼身体，想到既要换衣服，又要坐公交车出门，运动后还要回家洗澡、洗衣服等附加事情时，就觉得这样很麻烦，为了满足当下的不麻烦心情，便把健身的日子一再往后推，拖延也就这样形成了。

拖延的原因有很多，时间、环境、心情等都会造成影响，从主观上来说，个人欲望的即时满足是行动拖延的原因之一。

上世纪末，研究拖延的心理学家里德和洛温斯坦等人在一所大学

第一章
认清拖延：不辜负生命的美好

里做了一个实验。他们把试验者分成三组，拿出准备好的24部电影，让试验者从中选择自己最喜欢的三部片子。这些电影分成三个类型，有高品位、有深度的《辛德勒的名单》《钢琴家》等，大众电影《西雅图不眠夜》《窈窕奶爸》等，娱乐电影《变相怪杰》《生死时速》等。心理学家想看看试验者们会选择什么类型的电影。

实验者对第一组试验者说："每人在这里选三部自己最喜欢看的电影。"结果几乎每位试验者都选择了经典影片《辛德勒的名单》。

实验者对第二组试验者说："每人在这里选择三部最喜欢的电影。一部立即观看，一部两天后看，一部四天后看。"这些试验者中，大部分人还是选择了《辛德勒的名单》，但是有71%的人把这部电影放在最后一天看，首先看的几乎都是娱乐电影。

实验者对第三组试验者说："每人从中选择三部电影，现在开始观看，连续看完。"这时，只有十四分之一的学生选择了《辛德勒的名单》。

这个实验很好地说明了大多数人都是即时满足的一群。在这些影片中，《辛德勒的名单》是最费脑的一部，观看时，很多人选择拖延观看。娱乐性最强的《变相怪杰》《生死时速》，符合人们满足当下欲望的需要，所以成了很多人观看的首选。

对于简单的事很少有人会拖延，拖延的往往是难做的事。这些事要么过程复杂，做起来费事费力；要么能力不够，心有余而力不足。但是工作就是工作，你不去做没人帮你完成，即使有困难，也要想办法去解决完成。如果拖着不做，截止日期越来越近，最终因为时间紧迫，反而无法更好地完成。与其这样，不如早早开始，在充足的时间中，尽量把工作做好。

很多拖延者内心不够强大，怕自己能力不够，怕自己不能更好地完成工作，怕这怕那，最后用拖延消耗时间，以此来掩盖自己的不足。这类人常常会说："都是因为时间仓促，才没有把任务完成好；如果时间足够，肯定能完成得更好。"掩盖自身不足，也是拖延的原因之一。

很多人在紧要关头状况百出，也是想用拖延来掩饰自己的不足。就像有的人报考了职业等级证书，开始时认认真真看书，在学习过程中，发现很多东西太深奥，一时半会儿搞不懂。害怕自己认真看了考不过被别人笑话，于是拖着不看。到时即使考不过，也有理由和借口："我太忙，没有时间看书，不然我的成绩肯定还要好。"

还有一些人在演讲时忘记带演讲稿，演出时忘记带演出服，重要会议时选择迟到……就是对自己没有信心，害怕做不好，用拖延来逃避。这种现象在心理学上叫"自我妨碍"。

所谓自我妨碍，在心理学上又称自我设阻、自我设限。心理学家给它的定义是"在表现情境中，个体为了回避或降低因不佳表现所带来的负面影响，而采取的任何能够增大将失败原因外化机会的行动和选择"。很多拖延行为，并不是他们真正不想做，而是害怕失败而不做。

心理学家研究自我妨碍导致拖延的行为时，做了一项实验。他们在试卷上出了一些很难的甚至无解的题目让试验者做。当大家把题目做完时，心理学家当场批改了试卷，然后告诉大家，×××得了最高分。

接着，心理学家对试验者说，接下去还要做一张试卷，但是在做试卷前,他们可以选择吃一种药:一种是"聪明药",一种是"愚蠢药"。前者让人思路清晰,思维活跃,有利于答题;后者让人思路受阻,思维迟缓,不利于答题。令大家意外的是,听了心理学家的话,很多人竟然选择吃"愚蠢药"。

其实两种药对思维既没好处,也没害处,只是维生素片。但是试验者在面对有人取得了高分的情况下,害怕自己失败,有了自我妨碍心理,为了给自己的失败准备充足的理由,宁愿选择吃"愚蠢药"。生活中,这就是自我妨碍导致拖延的行为之一。

了解了即时满足和自我妨碍导致的拖延后,就要想方设法去克服它。

因为满足当下欲望而产生拖延行为时,一定要强迫自己先做重要的事情,用意志力去控制满足欲。比如周末安排在家打扫卫生,会有睡懒觉、看电视、手机聊天、上网等不良习惯需要当下满足欲望,这时你就要提醒自己,打扫卫生是正事,做好正事后才能娱乐。

因为担心自己能力不足无法胜任某项工作,从而产生自我妨碍导致拖延时,要告诉自己:"不管结果如何,我一定要认真去做,早早去做,如果中间有困难,我还有足够的时间去请教别人和翻阅资料。"不为拖延找借口,遇到事情全力以赴,一定要养成良好的习惯,良好的习惯才是取得好结果的保障。

拖延症和懒惰的区别

通常认为拖延症是一种心理问题,而懒惰是一种生活习惯,拖延症不是懒惰，但是拖延症和懒惰有一定交集。

1. 从词义上来比较

"拖延症"是指非必要、后果有害的主观推迟行为；"懒惰"是心理上的一种厌倦情绪。引起拖延症的原因一般是焦虑、自我贬低、害怕、抵制与敌意等负面情绪，一般是心理层面的问题。加拿大一位研究拖延症的大学教授皮尔斯·斯蒂尔，确定了与大多数人拖延最有关系的四个因素，他把这些因素制作成一个"拖延公式"：$U=EV/ID$，翻译过来就是：信心不足、动力缺失、冲动分心和回报遥远。懒惰的原因主要是缺乏原动力，因此不断推迟要完成的任务，不一定是拖延。当一件事非完成不可，并且越早完成越好的情况下，还是不去做，这才是拖延。

从心理上说，处于懒惰状态的人不一定是情绪消极，只是缺乏主动行为。而拖延行为，从表面上来看和"懒"很接近，但它更多的是复杂的心理问题，比如完美主义、自我贬低、抵制与敌意等心理状态。

2. 从心理状态进行比较

有些拖延者觉得自己很有才华，很有能力，却又担心在工作中，自己的聪明才智得不到最佳的发挥，完成的任务得不到最好的结果。害怕自己尽心尽力完成任务后，被人否定成绩，因此选择拖延，当这种结果出现时，用时间紧迫来掩盖工作的不完善。他们害怕失败，却不用正面积极的方式去解决，反而用逃避的方式阻碍成功。

缺乏自信的人，在工作中会看到很多困难，还没有开始就会想到糟糕的结果，致使自己顾虑重重，造成心情烦闷，内心焦虑郁结，做任何事犹豫不决，不肯及时出手。有些困难原本通过时间上的努力能够解决，却因为拖延，在最后工作期限内匆忙赶工，等任务完成时，也到了最后截止时间，明明发现某些不足，也没有时间再去修改和完善。

懒惰的人是享受眼下的快乐，他们没有过重的内心焦虑和不安，只是放着不做。对一件他们不愿主动去处理的事，或许是觉得不屑，不被重视，以致态度懒散、颓废。

3. 从行动上区分

有些人看起来整天很忙，你绝对很难把他们和懒联系起来，但是他们做事却没有任何效率。研究拖延症的人，把这群人称为"瞎忙拖"或"宅拖"。"瞎忙拖"是指那些做事风风火火、整天忙忙碌碌的人，结果是重要的事情没处理，别人下班了，他还得加班，常常辛辛苦苦地忙碌，却得不到上司的赏识和提拔，因为他们没有工作效率。"宅拖"则相反，是那种外表很平静，看着总是在专注地做着一件事，所做的事却总是没有进展，或进展缓慢，这些人内心往往有着很多的冲突和纠结。

这是拖延症中典型的两种拖延行为，怎么看你都无法把它们和懒惰连系在一起。相反，"瞎忙拖"的人群，做事迅速、节奏快，外人看着他们干脆利落，只有他们自己知道，最重要的事情一直被拖着，忙而无功就是属于这类人。"瞎忙拖"的人还有可能是工作狂，甚至可能属于成人多动症。

而"宅拖"，又名为"冲突性拖延"，好比正在开车的司机，同时踩着油门和刹车，结果毫无动静，内心却精疲力竭。这类人工作没有进度，不是因为缺乏原动力，而是动力大，阻力更大，这让他们内心更焦虑。

"瞎忙拖""宅拖"两者的结果和懒惰者相近，过程却完全不一样。前两者往往还会羡慕"懒惰者"，因为后者内心没有更多的忧郁和焦虑。

4. 他人对拖延症和懒惰的不同看法

许多人在工作中，因为拖延症而耽误完成任务时，他人常会说"什么拖延症，你只是为懒找借口"，其实不然，"懒惰"只是被看作道德上的罪恶，而严重的拖延症患者，正承受着巨大的内心痛苦。

这和得抑郁症的群体一样，以前许多人认为抑郁症者做作、矫情，只是在无病呻吟，其实他们生活在不为人知的恐惧中。拖延症患者也是如此，别人看着他消极、忧郁，对什么事都提不起兴趣，以为他们懒惰，不愿行动，其实是多种心理情绪影响着他们的行动。

总的来说，拖延症和懒惰外观上有着很多的相似处，实质上相差很远。如果你认真了解过拖延症，就不会认同拖延症是"懒"了。

我们都是拖延症患者

人有两种思维方式，分为理性思维和感性思维。理性思维是通过寻求有效方法达到目的，而感性思维是通过寻求喜欢的方式达到目的。理性思维做事，是遵循事物发展规律，压制欲望，追求效率；感性思维做事则相反，轻视规律和法则，不计成本，只为追求满足。

每个人大脑里，有一位理性的决策者和一只始终想要及时行乐的

第一章
认清拖延：不辜负生命的美好

猴子，两者间互为矛盾关系。决策者思考问题从大局出发，回忆过去，结合现在，设想未来，制订长期计划，希望做最合理的事。而猴子只顾眼前利益，只想及时行乐，它不关心什么未来、梦想、远景这些内容。

决策者和猴子间，两者所做事的目的不一样，常会发生争执，决策者想要做实际工作，猴子却想及时行乐，于是两者在头脑里常会发生斗争，他们之间会有这样的对话：

决策者：该工作了，早点把事情做完，可以放松心情。

于是你打开电脑。

猴子：这个娱乐新闻不错，我先看一会儿。

看完一个娱乐新闻，看到另一个娱乐新闻也不错，觉得再看一个，也花不了多少时间，于是点进去再看。这时，有朋友发微信来，告诉你，那件你几天前想买的衣服，现在正在打折。

猴子：哇，太好了，我前几天舍不得买，想不到降价了。

赶快点进淘宝网。衣服买下了，还有别的衣服在打折。

猴子：哇，价格好实惠，我再看看其他衣服，看完就干活。

看着看着，口渴了，倒杯开水，顺便去趟卫生间。回到位置上，弹出一个热点新闻。

决策者：该开始干活了，不然一上午又过去了。

猴子：看完这热点新闻再干活。

看完新闻，猴子：哇，评论区这么多评论啊，自古评论出高手，一条条评论精彩绝伦，逐条看完。

看完评论区，上午剩下不到一个小时了。

猴子：一个小时做不了什么活，等下午再干吧。

决策者把计划做得好好的，猴子一把抢过大脑的方向盘，想去哪里就开到哪里，结果距离目的地越来越远。

猴子只顾眼前的快乐，只喜欢做简单、开心的事，比如游玩、吃饭、睡觉、海聊等。决策者想做事时，猴子把他赶得远远的。猴子这样猖狂，当然是因为大脑对它的偏爱，每当决策者和猴子出现冲突时，大脑总是站在猴子一边，结果造成事事拖拉，拖延行为成了习惯。时间越久，拖延越多，习惯成自然，最后成了严重的拖延症患者。

猴子的及时行乐，浪费了很多时间，一大堆该做的事没有做。还好，人的大脑中还潜伏着一个叫"惊慌"的怪兽，这个怪兽大部分时间在黑暗中休眠，看似不闻不问，却时刻关注着自己的主人。当工作截止日期即将到来，当主人将要在大众面前出丑时，它会猛然惊醒过来，跑到猴子跟前，瞪着眼睛恐吓猴子，猴子看到它，只能乖乖地跑了，它是猴子唯一害怕的东西。

拖延分为两种，一种是有明确的截止日期，一种是没有明确的截止日期。前者如工作报告、生产日期等，到了截止日期不完成，会对自身造成很大不利。比如领导安排的一份企划书，限定你半个月时间内完成，到了第14天，你只能通宵完成，不然就要被扣奖金，或者直接让你卷铺盖走人。这种拖延被限制在一定时间里面，如果最后还完不成，"惊慌"怪兽会及时出现赶跑猴子。

另一种是没有截止日期的拖延。它们大多是一项需要长期投入的任务，在短期内看不到结果和效果。比如减肥或创业。拿减肥来说，

第一章
认清拖延：不辜负生命的美好

你在年初安排了计划，发誓自己每天要去早锻炼。坚持了三天，到了第四天，想迟起五分钟；到第五天，想迟起七分钟；到第六天，想迟起十分钟……越起越迟，最后对自己说："这个月不行，下个月再来。"等到年底，才发现年初的计划都泡汤了。就像创业，它需要几年的规划和计划，无法规定截止日期。

对于长久的计划，因为没有最后拖延期限，"惊慌"怪兽不会被惊醒，这种拖延最不易被觉察，无声无息中被不断拖延。等警觉过来时，发现没有按着计划行事，发现没有得到自己想要的生活，反而有可能更差。于是后悔、自责、伤心、难受等负面情绪一股脑儿地涌来，对自己失去信心，贬低自我，变得抑郁和焦虑。

是人都想享乐，人人都有拖延症。只是有的人成了这只猴子的奴隶，生活被它搞得一团糟，有的人却始终处在警备状态，时刻关注着截止日期，与这只猴子保持着良性关系。猴子最怕的是"惊慌"怪兽，没有期限的拖延，不具备惊动"惊慌"怪兽的条件。人重要的是自律，我们必须时刻保持警惕，与猴子保持一定距离，不被它所左右。

如果决策者常被猴子赶跑，猴子就成了强者，结果给人带来不良后果；如果能试着让决策者先行，让猴子站一旁，时间久了，猴子会觉得越来越无聊，它就会越来越弱小，越来越没自信，这样，决策者就占了上风。

习惯很重要，一定要处理好决策者和猴子间的关系，当拥有了良好的工作习惯，才能让自己远离拖延。

总喜欢拖延的你，到底在害怕什么

生活中，很多人都会这样：早早盼着周末的到来，打算好好看看书。结果睡懒觉、刷朋友圈、微信聊天，一天下来，别说书没看，居然连吃喝拉撒都是随便应付。等临睡前，懊恼、后悔、自责，讨厌浪费时间的自己。咬牙下决心，下个周末，一定好好看书，不再拖延。可是到了下一个周末，拖延重演。

对拖延有过了解的人都知道，拖延不是单纯的懒惰和不负责任，看似是自我约束力差，其实是有着隐晦的心理恐惧。他们内心不具备支撑自我的能力，导致行动跟不上思想计划。

很多人的恐惧心理，和原生态家庭有着很大关系，一个人的性格、脾气、为人处世等行为，和原生态家庭有着密不可分的联系，这种联系很有可能贯穿他一生，对他整个人生都会受到影响。在有施压、怀疑、控制、依附、疏远这五种情况的原生态家庭长大的孩子，特别容易产生恐惧心理。

中国属于应试教育，教育模式是典型的施压式。面对单一的考试模式，在竞争激励的教育中，为了不让孩子输在起跑线上，许多父母给孩子报各种补习班，不管孩子喜欢不喜欢，有没有兴趣，一厢情愿。作为弱势方的孩子，没有反驳家长的权利，为了表示自己的不满，会选择拖延行为。比如在去补习班前，他慢腾腾地穿鞋，慢腾腾地出门，慢腾腾地走路，任何一个动作都是慢腾腾的。日积月累，拖延就成了孩子生活的一部分。长大后，这种拖延行为会成为孩子的生活和工作模式。

当然，任何行为都是可以改变的，包括已成为生活习惯的拖延行为，只要有着坚定的意志，有着改变的愿望。要克服恐惧心理造成的拖延，拖延者首先要弄清楚自己到底在害怕什么，要找到根源，再对症下药。常见的恐惧心理有四种：

1. 担心得不到满意的结果

谁都不想失败，辛辛苦苦去做一件事，结果却不尽如人意。面对失败，不要说浪费了时间和精力，还要面对他人的嘲讽和耻笑，这种心情大家都能理解。可是一个人一生中会做很多事，不可能事事都成功，失败对任何人来说，在一生中都是不可避免的。就像有句话所说的"不如意事常八九"，失败是生活常态，如果不能面对失败，也就失去了无数次攀登的勇气，不攀登，就不可能到达成功的顶峰。

我有个同事，每次写企划案，总要拖到最后，当截止期限来临时，就匆匆完成任务。如果领导表示对她的方案不满意，她就说："时间太紧了，如果能多点时间，肯定不会是这样的结果。"她总是用这样的借口，主要目的是想掩饰自身能力的不足。

这类人往往都是完美主义者。完美主义者分两类，一类是正常的完美主义，一类是不良型完美主义。正常型完美主义者对自身有着极高的要求，他们的高要求和自身能力相匹配。即使犯了错，他们也能认清问题，勇于承担，及时改正。而不良型完美主义者，他们的高要求与自身能力不匹配，一旦期望落空，他们就陷入自责、内疚、后悔、煎熬等负面情绪中，为了逃避失败，他们选择拖延。我的那位同事，就是典型的不良型完美主义者。

2. 害怕能者多劳

害怕失败的心理我们可以理解,但有一类人是害怕成功。成功是谁都想要的,还有人害怕成功,这听起来很荒谬,很不可思议,事实上却真有此类人。有个词语叫"能者多劳",词义为能干的人做事多,劳累也多。

生活中确实有这样的情况,在同一个岗位中,能力强的人比能力弱的人,在相同时间里,能提早完成同一件事。如果别人还在忙碌,你却提早完成,领导看到了,会指派你去干其他活。如果没有额外的报酬,很多人都不想多干活,这时最好的办法就是采取拖延。

每个人追求生活的方式不一样,有的人只想安逸。一个有能力的人,却只想过安逸的生活,怕被领导发现自己的才能,所以故意选择拖延,掩盖自己的才华。这类人就是属于害怕成功的人。

一个人如果有才华、有能力,其实应该让他正常发挥出来,这是给自己一个机会。与其活在害怕成功给自己带来的困惑中,不如放手去干,毕竟不是每个人都拥有成功的能力,如果能够让自己更好,为什么不给自己一个机会呢?

3. 害怕丧失自主权

生活中常有这样的情况发生:母亲让孩子做完作业后再玩游戏,孩子偏要先玩会儿游戏,再去做作业,他的意思是"我偏不听你";晚饭后,妻子让丈夫先洗衣服,再出去和朋友聊天,丈夫选择先去聊天,再回家洗衣服,潜意识里,他有"我说了算"的想法;单位领导让你今天下班前交报告,你偏要过了今天才交,潜意识里,你认为交不交报告,是你说了算。

小孩、丈夫、员工相对于母亲、妻子、领导，他们处于弱势一方。面对强势一方，他们不敢用强硬的态度说"不"，但是他们又不想失去自主权，只能采用拖延的方法，求得心理平衡。只是这种方法，于己于人都无利，或许还是制造矛盾的开端，所以要提升自己的能力，然后尽量处理好和周边人的关系。

4. 害怕侵犯到心理舒适区

这里所指的心理舒适区，主要是指一个人与他人间保持的亲疏范围，如果超过这个范围，就会感到不安全、焦虑和恐惧。这种情况最熟悉的例子就是初中或高中女生，在课间上厕所时，都会成群结队，特别是晚间自修课，几乎没人会单独去。这很好理解，出现这样的现象，是因为结伴会给女生产生安全感。

有些拖延者，和这些结伴女生一样，需要在有人陪伴和支持下，在具有安全感的状态下，才能发挥个人潜力。他们选择拖延，是因为需要寻找到一个心理舒适区。另一类人刚好相反，他们不愿和人保持亲密关系，喜欢独处。在无法独处的情况下，他们选择拖延。这类人体内犹如装有报警器，一旦人际关系超过他们的舒适区，报警器就会鸣叫，他们就选择拖延。

依赖性很强的人，要明白拖延并不能让你变得独立，也无法帮你解决问题，只会让你在无人帮助时，陷于更无助的状况；如果你喜欢独处，拖延也不能让别人更好地了解你，因此来尊重你的性格，只会让人觉得你孤僻。拖延，对两者来说，都不能改善他们的人际交往和自身解决问题的能力。

当知道拖延的背后是因为恐惧心理搞的鬼，就要去正视它，找到害怕的根源，这是克服拖延的第一步。

心灵有了破窗，拖延便乘虚而入

心理学上有个破窗效应，是由政治学家詹姆士·威尔逊和犯罪学家乔治·凯琳提出的，此理论认为，如果环境中的不良现象被放任，会被人们相继效仿，甚至变本加厉。比如一堵墙上画有少许涂鸦，如果没人清洗，很快整堵墙上会被涂满；如果街上有果皮纸屑，人们往地上扔垃圾会变习惯；比如家里的客厅很干净，吸烟的客人会在吸烟前问你要烟灰缸，反之，他会把烟灰弹在地上；如果一幢建筑物的一扇窗门破了，不及时进行修补，接着会有很多窗门被打破。

从破窗效应可以看出，当一种不良现象出现时，如果不进行及时改正，这种不良行为将会无限恶化。同样，一个拖延症患者，如果不及时克服陋习，就会像破窗效应一样，不良行为会越来越严重。

拖延者因为拖延，要完成的事一大堆没有做，不但影响自身，还影响团队。于是陷入自责、懊恼、后悔、怀疑自我能力的苦恼中。不佳的情绪确实会造成工作能力低下，在自我怀疑和自我贬低中，损失信心，其结果是能力越来越差，工作效率越来越低下。这时，自己会对自己说："我怎么这么笨，为什么什么事都做不好？""我是天底下最笨的人，我真没用。""我能力低下，前途一片灰暗。"

一个不及时改正拖延的拖延者，就像破窗效应一样，觉得自己越来越无用，越来越没有自信，最后发现自己一无是处。一个不自信的人，做什么都没有动力，对任何事都提不起兴趣，只是悲观绝望，就

第一章
认清拖延：不辜负生命的美好

会出现破罐子破摔的情形，在原本拖延的基础上，放任自己的不良行为，导致拖延行为越来越严重。

陈幂每天到单位后，看着一大堆工作，总是不想开始。她一会儿站起来倒杯开水，一会儿站起来去趟卫生间，一会儿看看网页，一会儿找同事聊几句。她明知道这些工作要及早完成，不然对自己的加薪和升职都会造成很大影响。很多次她对自己说："今天我一定要完成周报表。"打开电脑，想要静下心来好好工作，思想却无法集中。面对无法进入工作状态的自己，陈幂安慰自己："下午状态一定能好起来，等下午再做。"结果，下午还是和上午一样。

这样的工作状态已经维持了很长一段时间，陈幂知道自己得了拖延症。因为陈幂这段时间懈怠的工作状态，领导已经多次对她表示不满，提醒了她几次。原本她是领导的得力助手，但现在她很有可能就要失去领导的信任，想到这些陈幂更加烦躁。又想到那些一直很嫉妒她的同事，如果知道领导对她不满后，不知道暗地里会有多高兴。

陈幂很清楚，如果再这样下去，不要说升职加薪，恐怕连工作都要保不住了。很多次，她逼着自己工作，可是不管如何逼，就是没有工作效率。近来，她甚至开始害怕天亮，因为天亮就得起床，起床就得去上班，上班就要面对很多工作，看到这些工作她就头痛。

如果再不及时调整状态，她怕自己会崩溃。于是陈幂向单位请了年薪假，来到一个渔村。每天到海边吹吹海风，去渔民家和他们聊聊天。在陌生的地方，她的内心渐渐平静下来。时间过得很快，转眼，年薪假就要休完了，但是她还是没有找到解决拖延的办法，她不知道回单位后，生活又会如何。

因为拖延,无法按时完成的工作,影响了同事的工作进度,影响了领导的计划安排。同事和领导都对拖延者表示出了很大的不满。在他人不满的情绪中,拖延者遭受着严重的心理挫伤,后悔自己不早早开始工作,怀疑自己能力不够,对自己的低能感到羞愧和难受。在自责中,面对一大堆工作,却还是无能为力。

如果一扇窗户破了,就要及早修补,不能放任不顾,不然会有更多的窗户被打破。如果心灵有了破窗,拖延便会乘虚而入。这时,千万不能松懈,一定要凭着意志,或借助可以借助的一切力量,来战胜拖延。与其事后亡羊补牢,不如防患于未然,在拖延行为越来越普遍的情况下,一定要提高警惕。如果身边有拖延症患者,更要避而远之,以防被传染,这是传染性极强的陋习。

每个人最大的敌人是自己,做自己的主人,相信自己。从小事开始,严格控制自我行为,当意识到自我有拖延行为时,一定要及时改正,不能掉以轻心,杜绝它发展的机会。

每次拖延,都是对生命的辜负

一个人身患重病,临死前,死神来到他身边,他看着死神央求道:"再给我几分钟好吗?我想再看看蓝天,看看妻子和孩子,我想和他们再次拥抱。求求你,就几分钟,好吗?"

死神说:"不好意思,已经没有机会了。上帝给了你70年时间,你除了用三分之一时间睡觉,剩余时间经常在拖延。这里有一份记录你一生的时间明细单,我读给你听听:做事拖拉的你,一共耗用

第一章
认清拖延：不辜负生命的美好

42500 小时，也就是 1770 天；工作不认真，导致所做事情错误百出，反复重做，浪费两百多天；经常无所事事，东站站，西看看，浪费一百多天；有事没事找人唠嗑，一唠叨就是大半天，浪费七十多天；上班时浏览网页，煲电话粥……"

死神还在读清单，只听病人喉咙里"咕噜咕噜"响了几下，翻翻白眼，死了。

如果每个人的生命都一样长，一个拖延时间的人，所能利用的时间就相应变少，也就是浪费了宝贵的生命。

央视新闻上曾经放过一个只有两分钟的小片段，很火，因为它戳中无数人的心灵。电视上的嘉宾用一张小小的 A4 纸，把余生安排得明明白白，具体内容是这样的：

中国人平均寿命为 75 岁，按一个人活到 75 岁来举例，一生其实只有 900 个月。拿一张 A4 纸，在上面画一个 30×30 的表格，每个格子代表人生中的一个月，每过去一个月，就在一个格子里涂色，一个人全部的人生就显现在这张 A4 纸上了。

如果你是一个 20 岁的年轻人，就在相应格子上涂色，看剩余的格子还有多少；如果你在外面打工，每年见一次父母，按照你父母的年龄，看你父母的次数总和，能不能涂满一个格子；如果你是年轻的父母，看看你和孩子能相处多久，选择相应的格子个数添色；如果你是 50 岁的中年人，看看 900 个格子你涂了多少个，还剩多少个空白……

每个人从儿童、少年、青年走到中年，然后走向老年，一生中，我们扮演着子女、父母、伴侣、朋友、职员、合伙人等不同角色，真正属于自己的时间不多。如果在 A4 纸上，给扮演角色的时间涂上颜色，留给自己的时间少之又少。

美国新闻记者和作家唐·马奎斯曾经说："拖延是止步于昨日的艺术。"一生中，那些被拖延的时间，又能占据我们人生的几个格子呢？

一生只有短短几十年，去除懵懂的童年，求学的少年，和年老做不了事的时间，真正可以被我们利用的时间，只有 30 岁到 60 岁这个年龄段。这 30 年里，睡觉占去了三分之一时间，还有吃喝拉撒这些必须要耗用的时间，再加上一些社交时间，还有大部分时间就是用来养家糊口。当这些时间都被扣除后，完全可以属于自己支配的时间，是少之可怜的。

生命是有限的，如果我们的时间常常浪费在琐碎的没有意义的事上，这时时间就变得廉价。人群的排列是以金字塔形式呈现的，底座的人很多，越往上越少，到达顶峰的是少之又少。之所以很多人无法成功，是因为这些人无所事事，不懂珍惜时间。还有一些人虽然埋头苦干，但是没把时间用在做有价值的事上，看似忙，还是一事无成。

每个人或多或少都经历过拖延：读书时，作业总要拖到晚上才做；周末，先赖个床，等下午或者晚上才匆匆打扫卫生；上班时，打开电脑，先浏览一下网页再工作；放在床头的书，原本打算一周内看完，结果大部分空闲时间总是捧着手机；手头的文案直到最后截止日期前一晚，才开足马力熬夜，结果却不尽如人意……

谁都知道拖延不好，它却无处不在，成了很多人最难抵制的问题。

第一章
认清拖延：不辜负生命的美好

生活中，我们常常对自己说，"等明天""等下次""再说""还有时间"……一次简单的拖延，看似没有造成多大的影响。比如周末想赖会儿床，想等下午打扫卫生；结果下午朋友打来电话，相约去逛街；逛街回来，感觉好累，卫生就推迟到明天；而明天将会重现这样的事情。最怕的不是一次拖延耽误了事，而是当有了拖延心理后，会常常选择拖延，从而助长了个人的不良习惯。一旦习惯成自然，拖延就成了生活的一部分。

所有的成功都是时间累积所成，浪费时间的人，也就浪费了一切。许多美好的计划，在拖延中变成空想。鲁迅说："伟大的事业同辛勤的劳动成正比，有一分劳动就有一分收获，日积月累，从少到多，奇迹就会出现。"

余生很贵，请不要浪费。如果你有拖延陋习，一定要想办法克服，只有强大的执行力，才会让时间有价值，才不会辜负生命的美好！

第二章
负面效应：拖延带来的危害

时间就是效率，时间就是生命，在这快节奏的社会里，大家都处在快节奏的生活中。而拖延者们深陷拖延泥潭，他们常常精神萎靡、神情呆滞、行动缓慢，在充满负能量的情况下，工作效率低下，自我感觉极差，在拖延路上与成功越走越远。

拖延让你沉溺在悲观的情绪之中

很多人遇见过这样的事，因为拖延，工作做得不够好，被领导叫到办公室，狠狠批评一顿。回到座位上，此时心情糟透，不知道以后领导是否会再次信任你？不知道以后同事会不会因此笑话你？不知道以后如何面对领导和同事？越想越糟糕，越想越难受，整个人沉浸在悲观中，看着手边一大堆活，哪还有心情干活，于是拖延再次产生。

当人沉浸在悲观情绪中时，反应迟钝，行动变慢，思想消极，从而自身行动力受到影响，因此更容易产生拖延。

一天早上，小王来到单位上班。因为水管堵塞，领导让他去疏通管道。小王平时做事总是拖拖拉拉，因为拖延，没少挨领导批评。小王想要在领导那里挽回一些自己的形象，很想把这次工作做好。一接到任务，他就立即来查看堵塞的水管。他用手拧盖子，拧不开，就去工具间找扳手。找来扳手，拧开盖子后，发现堵塞物在管子中间，又去工具间找捅管子的小木棍。因为堵塞管子的地方和工具间有点远，小王两趟跑下来，差不多就用了半个小时。这时，领导刚好路过，看到小王才拿着小木棍走过来。领导生气地说："小王，你到现在还没动手，你到底在干什么？我付你工资是让你来干活的，不是让你来做大爷的。如果你下次还这样，你就直接回家去。"

第二章
负面效应：拖延带来的危害

小王感觉很委屈，觉得自己一刻都没有停，却在大庭广众之下被老板骂，如果领导真的不要自己了，那该怎么办？那天后，小王整天沉浸在被领导辞退的恐惧中，感觉自己一无是处。如果被解雇，不知如何面对寄希望于自己的父母。

每天上班，小王变得战战兢兢，遇到领导他总是避开走，干活时总是不时抬头看看隔着玻璃的领导办公室，怕领导无时无刻不盯着自己。在这样的状况下，小王上班的工作效率越来越低下，不但速度变慢，而且更是错误百出，工作拖延就成了家常便饭。

小王在找扳手和木棍的过程中，如果他做事有条理，可以事先多拿一些可能要用的工具，就不至于因为跑来跑去而浪费时间。因为做事没有条理性而产生拖延，最后被领导批评后，又陷入悲观情绪中。悲观情绪让他进入自我指责、安全感缺失、看问题负面的状态，从而导致他工作没有激情，失去行动力，进入恶性的拖延循环。

每个人都有性格弱点，面对弱点，要努力提高自身能力，想办法去改变它。是人都会犯错，当做了错事时，要冷静分析，找出错误原因，总结经验，不让自己再有犯同类错误的机会。真理是被不断验证的错误，错误并不可怕，可怕的是不愿去改变。

因为悲观而造成的拖延，如何去改变呢？

1. 改变悲观的性格

应该知道，很多事物的发生和改变，是不会随着人们的意志而转变的。当我们无法改变事物发展的过程和结果时，就只能想办法改变自己。悲观的情绪对生活毫无益处，只会让心情更糟糕，让生活更糟糕。更因为悲观的情绪，造成工作的拖延，让自己的人生更差。人生不过三万多天，喜是一天，忧也是一天，不管遇见什么事，首先要学会看开。改变悲观的情绪，让自己阳光自信，很多事反而会朝着正面发展。

2. 坦然面对生活和工作中的失败和错误

是人都要犯错，失败也是人之常情。勇敢面对错误和失败，不要老是纠结已经发生的错误和失败。有人说："赚不到钱赚知识，赚不到知识赚经历，赚不到经历赚阅历。"只要改变了自己的态度，就能改变人生的高度。

甲和乙是同事，领导分派给他们相同的任务。甲接手工作后，立即进行计划安排，通过市场调查，根据相关数据，进行策划、预算，最终设计出产品方案。他发现离截止期限还有一段时间，便着手进行修改和调整。

乙接手任务后，觉得时间还早，把这工作先放一边，该干吗还干吗。不料时间过得很快，一晃就到了最后截止期限。当"惊慌"怪兽叫醒他时，再也来不及做市场调查，只能根据想象数据进行工作。工作过程中，发现有些数据与实际不相符，却再没有时间进行核实和修改。

质量相差极大的两份设计方案交到老板手上时，自然得到了不同的结果——甲被表扬，乙被批评。

面对老板的批评，乙觉得委屈、羞愧、悲观。他觉得自己天生不如甲，没有甲的才能，觉得这行不适合自己，有甲这样的人在，也没有自己发挥能力的机会，因此跌入悲观的情绪中。乙之所以犯这样的错误，都是因为拖延行为。他正确的做法应该是，认识到自身的缺点，总结失败的原因，及时改正拖延的恶习，以后不再犯同样的错误，这样才能让自己走向成功。

3. 制订可行的计划

当自己制订的计划不切实际时，会产生悲观的情绪。因为在完成计划的过程中困难重重，计划完成的日子遥遥无期。于是开始怀疑自己的能力，觉得自己没有用，不如别人。在悲观情绪的影响下，失去行动力，从而产生拖延。所以，制订目标一定要具有可行性，目标才会有意义，行动才会有激情。

一家农户，因为家里闹鼠害，于是买了只猫回来对付它们。老鼠首领第一时间召集鼠群开紧急会议，讨论如何应对猫的偷袭。一只聪明的老鼠提议，如果能在猫的脖子上挂一个铃铛，猫行走时，铃铛会发出声响，这样老鼠听到铃声，就能逃得远远的。大家都觉得这个办法挺好。老鼠首领问，谁去挂铃铛？怎样把铃铛挂到猫的脖子上去？大家被老鼠首领的问题问住了，谁都不吭声。

科学合理的目标是行动的前提，如果目标超出能力范围，就得不到好的解决办法，这时人就容易产生悲观情绪。一个大目标由很多小目标组成，当目标是切实可行的，就把大目标分解成很多个小目标，然后一个个去完成它。如果大目标不具有操作性，那么分解成小目标后，小目标也无法完成。

没有行动就没有结果，开始行动是避免拖延的最好办法。当小目标被一个个实现时，人会越来越有信心。成功能给人带来好心态，当一个个目标被完成时，悲观情绪会逐渐被乐观情绪所代替。

悲观情绪不但会影响人的生理健康，而且会影响人的心理健康。

学会控制情绪，调动内在的积极性，去感受生命的重要，生活的美好，当悲观情绪被乐观情绪替代时，由此引起的拖延会得到有效改善。

拖延，只会暴露你的缺点

很多人在说话做事时，会想方设法给自己留有余地。如果这方法用到工作上，好比给了拖延肥沃的土壤，让它有肆意生长的地方。拖延者说话喜欢用一类含糊的、不确定的词语，比如"好像""大概""可能会""说不定""应该是""或者会""差不多"等。这些词语表达的意思具有不确定性，好像只要这样说了，事情万一出现意外，自己就会少担些责任。

俗话常说："能吃满碗的饭，不能说满口的话。"但是在工作上，真还不能说含糊不清的话，就要态度明朗，果断决绝，这才能显示出一个人干脆利落的办事能力。这样含糊其辞的回话方式，很大程度上并没有解决问话人的问题，甚至有可能会因此影响对方的工作计划。

如果领导让下属发布一个文件，通知相关人员下午到会议室开会，下属回答："我先忙完手头的活，等会儿再发。"领导的第一反应应该是：他是否会因拖延而忘记此事？我等下必须再提醒一下他，确认他有没有发布这个文件。

与这个回答相似的还有："相关人员会做准备""大概是明天或者后天""我想应该会完成""客户好像是明天来拜访"……很多人这样回答时，看似很聪明，既给自己留了余地，又不给别人造成压

第二章
负面效应：拖延带来的危害

力。但是这样的回答，却不利于计划的安排，一旦计划无法安排，拖延就粉墨登场。

在工作中，当领导问下属工作结果时，如果得到的是不确定回答，等于没有回答。这会给领导留下不好的印象，觉得下属是一个办事拖拉、没有责任心、能力不强、工作态度不够严谨的人。

有则寓言小故事，说的是兔妈妈和一只小白兔的对话。兔妈妈：孩子，你能看见东西了吗？小白兔：能。兔妈妈：能看到那边的大萝卜吗？小白兔：对，是个大萝卜。兔妈妈：孩子，那是一块白石头。你不但没有视力，而且连嗅觉都没有。

没有明确的答案，自以为聪明的人，其实让自己的弱点暴露无遗。这些人可能存在下面一种或多种缺点：

1. 没把这个任务挂在心上，或者只是在拖延。

2. 对这个任务不够重视。

3. 只是在敷衍上级的问话而已。

4. 可能另有隐情，不敢说出真话。

5. 一些明知做不到的事情，答应下来后选择逃避。

6. 没有独立完成工作的能力。

7. 性格优柔寡断。

8. 是一个胆小怕事的人，说话总给自己留有余地。

在下属不确定的回答中，领导基本认为他具备以上几项弱点。下属自以为聪明的回答，领导听了很不开心，因为：

1. 没有得到他想要的答案，觉得你不够重视他。

2. 他布置给你的工作，不知道什么时候能完成，他需要时时关注。

3. 从此事展开联想，他分派给你的工作，不知有多少没有落实完成。

4. 领导以后在分派工作时，第一想到的是，这人不可靠。

5. 因为没有明确的答复，领导的计划被耽搁，需要有明确答案后才能再推进。

比如，领导办公室里的空调坏了，让下属找人维修，下面是两人间发生的一段对话：

领导：空调什么时候能修好。下属：我已经打电话给维修公司，他们可能明天上午过来。

上午，维修公司没来人。

领导：你不是说维修公司的人上午来吗？下属：他们说太忙，好像今天白天没有时间了，可能要晚上或者明天上午才来。

第二天，维修公司还是没派人来。

领导：空调怎么还没修好？下属：我等下再打电话问问。领导：就你这办事能力，不知道能做什么？这点事都办不好，你还能做好什么！

至此，领导只剩下"你还不如直接回家吧"未说，对下属的工作态度和能力，已经嗤之以鼻了。

自己的工作一定要及时完成，如果无法按时完成，也要及时向领导汇报进展，而不是等领导主动来询问时，还给不出明确的答案。拖延，只会暴露一个人的缺点，并不会带来任何好处。做任何事，不要做似是而非的回答，而是要快速给出准确答复，这也是改善拖延的一种方式。

思想决定态度，态度决定语言，语言决定行为，行为养成习惯，习惯形成性格，性格决定命运。每一环都是紧紧相扣，之所以语言不确定，是因为思想和态度不够明朗，说话斩钉截铁，做事才能雷厉风行。想要战胜拖延，就要让自己从思想上杜绝有拖延的想法。

拖延会导致冲动

大多数人认为，冲动和拖延之间是对立的。冲动可以让人立刻行动，而拖延则让人延迟行动。冲动让人行动迅速，而拖延则让人行动缓慢。

冲动和拖延，与速度和准确率之间有对应关系。心理学家把人对速度和准确率的要求叫作速度－准确率平衡。容易冲动的人，更注重速度，而不太在意准确性。而拖延者多少都有些追求完美，也就是说他们更在意的是准确率而非速度。从这个角度来说，冲动和拖延确实是对立的。

但是在某些情况下，冲动和拖延又显得不那么对立。比如，考场上的考生都会把不会做的那道题拖到最后，直到临交卷的那一刻，根本顾不上对错，靠着冲动，匆忙之间就把答案写上去了。拖延得越厉害时，冲动就越难以控制。这样看的话，冲动和拖延就又有了相关性。也就是说，当拖延程度上升的时候，冲动也越厉害。在最后期限到来的时候，眼看时间已经不够了，拖延者会牺牲准确率，以换得速度。这样完成的任务当然不会太令人满意。

拖延心理分析课：
如何除掉阻碍你行动的顽疾

　　这并不难理解，拖延者不会为自己制订完成任务的计划，就算他们制订了计划也不会按照计划一步步地完成。到了最后期限，拖延者就会冲动行事，草草地完成任务。

　　皮埃尔斯·斯蒂尔博士经过研究得出了这个结论：冲动是拖延的一个方面。他发现拖延者总是认为时间多的是，导致他们最后才发现时间根本不够用。他把这种现象叫作"计划的失策"。另一些研究人员在他的基础上，针对拖延和计划失策进行了相关性研究，他们得出的认识是：拖延者在对任务做时间计划时，依据的是以往的经验，他们把过去完成相似任务的时间照搬过来，可实际情况往往跟以往不同，他们的计划时间失效了。

　　拖延者往往在规定的时间内无法完成任务，他们并非不知道截止日期就要到了，可他们好像根本不着急，也不想出色地完成任务，而是想在最后一刻草草了事。

　　娄明的女儿要过生日了。他平时工作忙，经常出差，很少能陪孩子，妻子提醒他给女儿买个生日礼物。他不知道买什么好，趁上班的时间在网上浏览了一些儿童玩具，可他拿不准女儿喜欢什么，心想还有一个星期的时间，买个东西而已，抽空办了就好。

　　一周之后的早晨，妻子告诉他晚上下班要早点回家，为女儿庆祝生日，他才想起来要给女儿买礼物的事情。可这个时候在网上买已经来不及了，看来只能去商场了。下班之后，他赶紧开车赶往商场，匆忙选了一个礼物。他忘记下班时间交通拥堵，结果他被堵在了路上。等买完礼物到家，女儿和妻子已经在家等了他两个小时，这让他非常愧疚。

拖延到最后一刻，冲动主导了娄明的行为，他顾不上考虑女儿喜欢什么，也顾不上路上堵车，只想着能买个礼物回家，结果连交通高峰期也忘记了，让自己后悔不已。

拖延导致的冲动随处可见，而靠着冲动完成的任务，又常常不尽如人意。想想自己的生活，是不是也有这样的情况发生呢？

拖延容易丧失自信

拖延者因为拖延，工作总是堆积如山，看着干不完的活，内心干着急。同时，因为拖延的工作会影响到领导的计划和同事的进度，开始他们只是催促，次数一多，会产生抱怨和指责。在他人的指责和抱怨中，一个人会开始自我怀疑，当这个过程持续一段时间后，不断的自我怀疑最后变成肯定，最终认定自己是个没用的人。一个人一旦失去了自信，做事就放不开手脚，老是患得患失，怕这怕那，这时，行动力下降，拖延便会变本加厉。

如果是完美主义拖延者，特别在乎别人的看法。如果他正在写一篇文章的开头，有人告诉他文章开头写得很好，他会很高兴地继续写下去；有人说他的开头写得不好，他会很沮丧，觉得自己真笨。于是开始自怨自艾，自我贬低："我没有写作天赋，还是放弃吧。""这真的太难了，我为什么想到要写文章呢？""为什么我总是什么事都做不好，我就是天生比别人笨。"别人的看法，会直接影响拖延者的工作态度。

有个小故事，说的是一个画家，在头天晚上画了一个美女，觉得每个部位都画得很完美，简直找不出一点毛病。第二天一早，他兴冲冲地拿着画，来到人流密集的地方，他让路人圈出画得不好的地方。等到中午，他发现画作上被人画满了圈圈，没有一个部位幸免于难。他很难受，唉声叹气地回到家。

他的邻居是一位老教授，问他为什么心情不好。他道出原因。老教授笑着说："没事，明天你再拿着画去同一个地方，让大家帮你圈出画得最好的地方。"到了中午，那张画上全被画上了圈圈。

同样一张画，有人认为好，有人认为不好，因为每个人看事物的眼光不一样。

一个人首先要相信自己，如果连自己都不相信，那就真的很糟糕了。我们可以试试，一个人如果在说自己的缺点时，别人也会跟着说出这个人的很多缺点；当一个人在说自己的优点时，同时也会有很多人跟着说优点。一个喜欢拖延的人，面对没完没了的工作，没有机会放松自己，让自己始终生活在压力和繁杂中，也就很难享受到胜利的果实。同时，也就失去了很多挑战的机会，一是没有充足的时间，二是没有足够的信心。

一个人的潜力有时候连自己都估计不到，拖延者却常常把自己搞得筋疲力尽。拖延引起自我怀疑，自我怀疑又是引起拖延的原因之一，他们相辅相成。

想要解决自我怀疑引起的拖延，首先要认清自我，培养自信。那要如何培养自信呢？

1. 对自己有中肯的评估

没有自信的人总觉得自己不行，哪怕在别人眼里他挺好。一个总是怀疑自己的人，平时要多做容易成功的事，在一件件成功的小事中慢慢建立自信。当有了一点进步或得到一点成绩时，就要多肯定自己，有意识地告诉自己："我很好！""我能行！""我能做到！""我真棒！"通过自我肯定，不断暗示自己是一个成功的人，这样会增加自信心。不要总觉得自己不如别人，感觉自己无能，这样会让自己越来越没有信心。

2. 相信尺有所短，寸有所长

如果老是盯着自己的短处，看着别人的长处，越看越觉得自己无能，就会不知不觉产生"我不如别人""别人怎么这样厉害"的想法，这就是典型的"长他人志气，灭自己威风"的行为。要相信尺有所短，寸有所长，天生我材必有用，因为每个人都具有独特的本领。

3. 面对困难，懂得坚持和鼓励

在难事面前，很容易让人泄气，这时不要轻言放弃。给自己制订一个计划，把难事分解成一个个小目标，鼓励自己逐步去完成。当一件难事被攻克后，整个人会焕发出一种特别的精神，这时自己对自己都会刮目相看。同时，别人也会投来赞许的目光，他人的肯定更能增添自信。

4. 多用坚定的语句

"我一定行！"

"别人能做到的，我一定能做到。"

"我只是暂时不会而已。"

"通过学习，我一定能够做到！"

"没有什么好难受的，大不了重来。"

尽量摒弃一些消极用语：

"我真的不行！"

"为什么别人可以，我却不能！"

"真的好难！"

"我坚持不下去了。"

多说肯定语句，能给自己增添士气，日子久了，会转变消极心态。

5. 相信自己，敢于挑战

相信自己的人，觉得什么都行，敢于挑战有难度的事。自信的人，即使遇到没有做过的事，也愿意去尝试，在他们的观念里就是"大不了不行"。很多时候，一些困难只是想象出来的，通过想象，困难越来越大，最后连尝试的信心都失去了。当一个人相信自己行的时候，很多事真的会变得容易很多。多尝试一些具有挑战性的事，通过学习或请教他人，想方设法去解决问题，这样能有效增添自信。

其实人都是有潜力的。所谓潜力，是指潜在的能力和力量，是人类原本具备却没有发挥出来的能量。潜力往往能在特殊情况得到极致的发挥。如果一个人对自己充满信心，会发现没有事能难倒他，即使没有接触过的领域，都认为能够做到。事实确实如此，自信能够产生神奇的力量，当觉得自己行时，自身状态会调到最佳状况，不管是情绪、体力、智力等任何一方面，都会充分得到发挥。

自信的人有积极的行动力，拖延者则相反，不管是思维还是行动力，都处在懒散和懈怠的状态中。不要说发挥潜能，连正常的才能都会受到影响。同样能力的两个人，时间一长，差距会很明显。

拖延容易丧失自信，一个没有自信的人就很难成功。所有成功的人都是有信心的人，想要让自己成为一个成功的人，想要拥有自己想要的生活，必定要远离拖延，不让拖延的陋习吞噬进取的灵魂。

拖延是导致平庸的罪魁祸首

有拖延症的人做任何事都不积极，上班要晚几分钟到单位，吃个饭都是最慢的，走路也是慢腾腾地。一句话概括，拖延者的工作和生活，总比别人慢半拍。时间久了，对生活和工作的激情逐渐减退，慢慢地滋生惰性，形成一种病态的工作方式，丧失了进取心，工作态度越来越消极，工作效率越来越低下。

拖延是扼杀激情的凶手，拖延者会被一些不必要的琐事吸引住，把时间和精力浪费在不必要的事情上，对于本职工作越来越提不起兴致，久而久之，丧失了对工作的积极性和主动性。

拖延的人缺乏主动性，没有外力催促就不想完成工作，任时间匆匆而去，因为他们对工作没有激情，只想懒惰地安于现状。

叶枫大学刚毕业时，是一个有雄心壮志的热血青年。很快，两年过去了，他对工作的激情慢慢减退，主要原因就是拖延。他平时做任何事总喜欢拖拖拉拉，在工作上也是如此。

每天到了工作时间，总会有各种事情干扰着他，他会去忙与工作无关的事情。例如，观看千奇百怪的视频，登录论坛等，时间飞快地过去。等他想起要工作时，感到时间紧迫，让他对工作产生一种厌恶感，整个人变得越来越懒散，自控能力也越来越差。

拖延心理分析课：
如何除掉阻碍你行动的顽疾

　　陷入迷茫的叶枫也想过改变自己的状态，努力想找回当年的激情，却更加失落。他惆怅地问自己："我分明只是个二十多岁的年轻人，怎么活得像个六七十岁的老年人，感觉整个人都暮气沉沉。"

　　现实社会里，有很多像叶枫这样的人，他们有个专用名词叫"职场橡皮人"。他们对工作没有激情，表现得非常冷漠，像橡皮做的假人似的，在各自的岗位上机械般地工作着。

　　职场橡皮人随处可见，很多人在工作岗位上工作两三年或者更多时间后，就会向"橡皮化"发展，造成这种情况的原因有很多种，最为关键的就是出现拖延症，对工作产生消极情绪。

　　有拖延症的人会安慰自己，他们经常说的话是"等我有空再做"。好像他们真的很忙，是个大忙人，实际上这种人经常纠结在一些无用的事情上，浪费着他们的时间和精力，把他们的激情都投入到与工作不相干的事情上。

　　当有拖延症的人真正空闲的时候，头脑里依然会想着玩乐，他们的灵感，对工作的热情和创造性化为泡沫，消失殆尽。拖延症让他们失去生命中最宝贵的时间和精力，让他们对工作的热情降到冰点，做任何事都提不起精神。

　　八岁那年，宏宇在一本美术书上看到一幅梵高的经典画作《向日葵》，当时他被画中强烈的色彩迷住了。从此，宏宇便立下志向，长大以后成为一名画家。

　　心里有了这个想法后，他就向母亲要钱，去文具店买来颜料、画笔和纸张，准备挥笔作画。

　　这时，窗外传来小伙伴们喊他踢球的声音，他告诉小伙伴们：

第二章
负面效应：拖延带来的危害

"你们玩，我要画画。"小伙伴们七嘴八舌地说："踢会儿球再去画吧，大家都等着你呢。"宏宇想了想，踢完球再来画也不迟啊。

于是，他答应了小伙伴们的邀约，放下手中的画笔，高高兴兴地加入小伙伴，去踢球了。他对自己说："我的一生还很漫长，总会有机会画出那幅向日葵。"

后来，宏宇的学习任务越来越重，为了考上好学校，他把大部分的精力投到学习中，再也没有精力和时间画画，对于立志成为画家的心愿，只能向后推了。

时间过得很快，大学毕业后，宏宇成了一名普通的公司职员，拿着一份稳定的薪水，业余时间想再次拿起画笔，却没有想画画的激情。他对自己说："我工作很忙，抽不出时间来画画，有时间休息下，刷刷视频，看看小说。"从此，他学画的事情就此作罢。

有一天，宏宇和朋友一起去看画展，一幅幅色彩鲜亮的画作展现在他的眼前，那些灵动的色彩，美丽的画作，刺激了他的内心，让他想起曾经的梦想，他决定重拾绘画。

于是，他辞职了，有了足够的时间，全身心地投入到绘画里。当他看到眼前五颜六色的材料，白花花的纸张，心里的激情一点点地消退，没有了创作的激情。刚开始，他每天坚持画四五个小时，时间长了，他就失去了耐心，变得越来越烦躁。不久，他把绘画的工具锁入地下室，永远告别了绘画的梦想。

做事拖延的人注定一生平庸，他们有无数次可以改变自己的机会，只是觉得未来的路还很长，时间还很多。拖延让他们浪费了光阴，错过了精彩的人生。

做有挑战性的工作或者完成自己的梦想，是一件让人热血沸腾的事情。可是，被拖延的情绪侵入后，所有的壮志豪情都束之高阁，成为记忆，最终化为灰烬，他们的生命就像温开水似的，没有滋味。

拖延症是一种很危险的状态，它可以熄灭你对生活的热情，把你的人生变得苍白无力，像一幅没有色彩的庸俗画卷。

有拖延症的人不愿意主动做任何事情，长期保持着昏昏沉沉的状态，对生活没有追求。当他们厌倦了这样的生活，想激活自己，让自己对生活充满激情，却发现很难做到。

如今，很多人在健身馆里挥汗如雨，在酒吧里闲聊，在购物中心里走几个小时都没有倦意，再看他们上班时，整天无精打采，面色苍白麻木，日复一日地像个机械人一样重复着相似的工作，成为让他们自己都唾弃的平庸者。

人生在世，可以平凡，但不能平庸，平凡是一种常态，可是平庸却是一种病态。拖延是导致人们平庸的罪魁祸首，不消除拖延，你的生命无法进取，不会有激情，也无法改变你的生活。

当你觉得人生空洞得乏善可陈，没有乐趣可言，羡慕别人的同时，不要抱怨命运对你不公，要从自己身上找原因，改变自己对人生的态度，正视拖延给自己带来的影响，重启你的人生程序，摒除拖延，才能不再平庸。

没有明确的目标和价值观

如今的社会处处充满着竞争，"物竞天择，适者生存"，一个人若

第二章
负面效应：拖延带来的危害

要从众多竞争者中脱颖而出，要有明确的方向。现实工作中，如果做事拖拉，没有执行力，站在原地徘徊不前，看不到前方的路，看不到希望，就会失败，成为人生的失败者。

如何让自己有方向感呢？需要信仰给拖延者带去力量。可是，现代社会，随着物质的高度发展，文化的提高，很多人心中对崇高理想的追求慢慢淡化，心灵没有归属感。只有忠实于自己的理想，完成自己的理想，才能够让自己的心有归属。

对于有拖延症的人来说，理想是一个很模糊的概念，不知道明天或者接下来应该做什么事，如何去做，他们没有明确的答案，更没有一个明确的目标来指导自己的行为。人有了理想就像在心里点燃了一盏明灯，跟随着灯的方向前行，就算在黑暗的夜里，也能看到光明。

很多年前，有一位贫苦的牧羊人，带着两个年幼的儿子，为别人放羊来维持他们的生活。

有一天，他们赶着羊群到一个小山坡上，这时，蔚蓝的天空上飞过一群大雁，它们鸣叫着飞过头顶，很快消失在远方。

牧羊人的小儿子问道："爸爸，大雁往哪里飞？"

牧羊人回答道："它们飞向一个温暖的地方，在那里度过寒冷的冬天。"

牧羊人的大儿子用羡慕的眼光看向大雁消失的方向，说："如果我们也能像大雁那样飞起来就好了，我要飞得比大雁更高。"小儿子也羡慕地说："做大雁真好，可以不用放羊，想飞到哪里就飞到哪里。"

牧羊人思考了下，抬起头对两个儿子说："只要你们想飞，就肯定能够飞起来。"两个儿子张开手臂，学着大雁那样上下拍动，却没有飞起来。他们用怀疑的眼神看着父亲。

牧羊人做飞行的姿势扑腾了两下，当然也没有飞起来，牧羊人肯定地对两个儿子说："我现在年纪大了，飞不起来，你们还小。你们想飞就要不断地努力，总有一天，你们能像大雁一样飞起来，去你们想去的地方。"

两个儿子记住了父亲的话，为了"飞起来"不断地努力，最后他们果然飞了起来，可以到达世界的任何角落，他们就是发明飞机的莱特兄弟。

这个真实的故事告诉我们，一个人的内心蕴藏着理想，只要坚持不懈地去努力，就能变成现实。

人生有很多的奇迹，有些事看上去困难重重，有些人就是成功了，差别在于想成功的人拥有非凡的信念。所以，一百次心动不如一次行动，行动才是成功的开始。

有理想的人不会陷入迷茫，他们有明确的人生目标，在工作和生活中充满动力。一个伟大的人，必定有不平凡的理想，我们熟知的乔布斯先生就是一个有着伟大理想的人，他的理想是"改变世界"。

乔布斯带着他的理想，发明了苹果，创造了一个又一个奇迹，这些奇迹让乔布斯欣喜不已。他在追求理想的道路上，走得非常曲折，甚至被自己创办的公司遗弃。

没有曲折，就品味不到人生的乐趣，就像乔布斯说的："我非常幸运，在我很小的时候就找到我最爱的东西。"乔布斯能够创造更多的奇迹，是因为他从来不放弃自己的理想，终其一生为了自己的理想

第二章
负面效应：拖延带来的危害

而奋斗。

人的生命很短暂，总有尽头，可是理想却可以永驻。也许我们的理想很平凡，却让自己找到奋斗的目标，会感到快乐而充实。理想具有无穷的力量，只要坚持不懈地追随着自己的理想，就会发现生命被赋予更高的意义。

首先，我们要为自己树立一个积极、崇高的理想。理想的力量是伟大的，只有拥有理想并且为之努力，才能够拥有希望。《肖申克的救赎》里面说过："恐惧让你沦为囚犯，希望让你重获自由。"只有坚守内心的希望，向着理想去奋斗，你就可以拥有无穷的力量。

其次，我们有了理想要立即行动起来，不要让拖延侵入我们的理想。美国的布莱德雷曾经说过："习惯性拖延的人们是制造各种借口与托词的专家，如果你存心要拖延，逃避现实，你就会找出很多理由为自己辩解，说明自己无法完成事情。"

我们都知道努力和效率的关系，一个人努力工作时，产生的效率肯定远远大于拖延时的工作效率。

最后要说的是"急躁"，这是很多人的通病。做任何一件事，从开始到实现会有一个阶段，存在着机遇也需要时间。如果过于急躁，不愿意等待，就会遭到破坏性的阻碍。所以，无论何时，我们都要有耐心，压抑住心里那股焦躁的情绪。

行动是治愈拖延的良药，拖延会滋养人们的惧怕心理，毁灭人们的进取心。实现理想需要付出行动，如果一直拖延下去，终将一事无成。

不思进取，安于现状

相信很多人都会问这样的问题："我为什么要工作？""我为什么要创业？"大部分人的回答都是相似的："我要养家糊口，要供养家庭。"当然，也有些人有更高层面的回答："我要实现自身的价值，不虚度人生。"这些答案就是我们生活的动力，推动着我们努力工作，好好生活。

如果一个人缺乏动力，做事喜欢拖延，整个人就会呈现不思进取的状态。上班的时候盼着下班，只等待着拿到薪水。上级交代下来的任务，总是不断拖延，觉得迟点完成没什么大不了。如果问这样的人，理想是什么？对方的回答很可能是"理想能当饭吃吗"。

这种人缺乏工作的动力，从而决定了他们不会有大的成就，只能碌碌无为地过完他们庸俗的一生。

我们经常会听到他们感叹命运的不公平，把生活的艰难归咎于命运，祈求救世主带他们脱离苦海。现实是残酷的，真正的救世主不是别人，只能是自己。当一个人摆脱消极的想法，对工作充满热忱，给自己的未来有个准确定位，不拖延，努力行动，做一个积极向上的人，就可以摆脱庸俗。

一位外企的人力资源部主管陈华，向人们说出他的人生经历。

当他应聘到这家公司时，公司对他们这些新加入的员工，举办了一场别开生面的强化训练。

当时，新员工们在课堂里享受着舒缓的轻音乐，指导老师给每个人发了一张白纸和一支笔。主训师在前面的书写板上画了一个大大的心形图案,在图案里写上三个字:"我无法。"

然后,主训师对新员工们说:"你们在纸上画好心形图案,然后至少写出三句'我无法',比如说:我无法做到?我无法实现?我无法完成?然后大声地读出来,反复读,读给自己听,也读给身边的伙伴听。"

陈华很快写出三条:我无法孝敬年迈的父母。我无法实现人生的梦想。我无法兑现我的美好愿望。

接着,他站起来大声读出来,越读越觉得生命的无常,生活的无奈;越读越感到悲伤,越读越觉得迷茫。他沉浸在苍凉的音乐里,感到非常压抑和委屈,眼泪流了出来,模糊了他的视线。

这时,主训师把写字板上的"我无法"改成"我不要",要求每位成员把原来的"我无法"换成"我不要",重新读出来。

于是,陈华重新开始读起来:"我不要孝敬年迈的父母。我不要实现我的人生梦想。我不要兑现我的美好愿望。"

他越读越觉得别扭,越读越觉得不对劲,继而感到深深的自责,整个人警醒起来。这时屋内响起《命运交响曲》,他顿时觉悟道:"原来那么多的'无法',是自己的'不要'!"

这时,主训师让他把"我不要"改成"我一定要",继续读。

陈华又读起来:"我一定要孝敬年迈的父母!我一定要实现我的人生梦想!我一定要兑现我的美好愿望!"他越读越觉得有劲,越读越振奋,整个人充满着斗志,有种顿悟后的紧迫感。

在悠扬又激荡人心的歌曲里,他豪情满怀,有种不管山高水远都想去尝试的冲动，愿意为了他的理想而努力拼搏。

真正改变人生的是我们对待人生的态度，不思进取的人最后只能落于平庸。

英国的新闻界有位风云人物叫莱斯勒甫爵士，也是伦敦《泰晤士报》的老板。在他刚加入《泰晤士报》时，每周的薪水只有90英镑，他不满现状，想取得《泰晤士报》的经营权，把收买《泰晤士报》作为自己奋斗的目标。他通过自己的努力达成了心愿。

莱斯勒甫爵士看不起那些没有远大志向的人。有一次，他问一位工作刚满三个月的助理编辑："你满意现在的职位吗？你对每周50镑的薪金满意吗？"职员回答道："我非常满意现在的职位，也很满意每周50镑的薪金。"

职员回答完，莱斯勒甫爵士马上把他开除了。职员非常不解，说："我又没有犯错误，为什么要开除我？"

莱斯勒甫爵士很失望地对他说："我不希望我的职员满足于每周50镑的薪金。当你满足于现状时，就会放弃追求更好的人生，会成为一个平庸的人，无法给我带来更多的经济效益。"

拖延者没有大的成就，就是因为他们满足于现状，不思进取，他们工作的目的是为了获得能够解决他们温饱的薪金。那些不甘于平庸的人，能够把事情做到最好，成为卓越的人，还可以带着公司一起腾飞。

社会学家推测，未来的社会将变成一个复杂、充满着很多变数的高风险社会，会有各种变化出现在人们身边。人们的行为能力不断增强，社会的不确定性相应增大，勇敢投入到竞争中的人越来越多。如

第二章
负面效应：拖延带来的危害

果一个人缺乏竞争意识，不思进取，安于现状，不积极行动起来，就会被时代抛弃，被那些勇于拼搏的人甩在后面，最终一事无成。

我们周围有些人受到别人敬重，有些人却被别人看不起。受人敬重的人都有野心，为了达成目标，不停地努力。而那些被人看不起的人，做事拖拖拉拉，得过且过。就算是被别人看不起也无所谓，注定了这些人没有作为。

野心是一种积极向上的心态，为人们前进提供了动力。很多时候，成功路上的主要障碍不是看这个人的能力大小，而是看他的心态。

人们要明白，成功的最大敌人不是别人，而是自己。如果事事拖延，就算拥有再大的雄心和勇气，也会被抹杀，碌碌无为地过完平庸的一生。

我们绝对不能甘于平庸，要对自己的人生负责，不能满足于现状，要奋勇向前，努力向着目标前进，才能够实现自己的理想，过上幸福快乐的生活。

第三章
日常管理：用良好习惯战胜拖延

世界上最公平的是时间，在同等时间中，有人懂得合理安排，有人却杂乱无章。当发现不良的拖延习惯时，做好日常管理，试着用新的习惯去改变旧的模式，找到新的工作方式去突破自己，这样就能根除长期困扰你的拖延。

明天正在成就拖延

"拖延症"一词最早出现在爱德华·霍尔于1542年出版的一本书里,差不多同一时代,明末时期的中国,一个叫钱福的学者,写下一首广为世人传颂、经久不衰的《明日歌》:"明日复明日,明日何其多。我生待明日,万事成蹉跎……"这首诗反复告诉人们,要懂得珍惜时间,今天能做的事一定要今天完成,不要拖到明天。反正要完成的工作,要立即行动,尽早打算完成,不选择拖延,因为所有的拖延都是浪费生命。只有懂得珍惜时间并利用时间的人,才会有美好的明天。反之,如果万事待明日,到头来只能一事无成。

西班牙有句谚语说:"明天总是一周中最忙的一天。"确实,拖延者喜欢把什么事都推到明天,所有的事都堆积在明天,明天能不忙吗?人一旦养成只说不做的习惯,就会变得一事无成。

有研究者发现,当人在拖延时,情感是混杂的。因为工作是必须要完成的,但是主观上不想行动,明知道会对自己产生极大的不利,并且后果很明了。在这样的情况下,内心必然会产生不安、内疚、恐慌、焦虑等各种负面情绪。也就是说,拖延的过程并没有带给拖延者美好的感觉。从长远来看,更是如此,严重的拖延行为就是心理问题,面对一大堆无法完成的工作,他们对生活感觉无所适从。

目标是追求生活的一部分，生命也因为追求而变得精彩。如果一个人没有目标追求，生活就变得平庸无趣，也就少了很多追求和获得的乐趣。当需要完成的目标摆在眼前，主观上选择拖延，推迟完成目标，这是在浪费时间。对每个人来说，生命中最重要的和最有限的就是时间资源，拖延目标等于是在拖延生命。

如果需要及时完成任务，必须摆脱拖延。目标是意图，完成目标，就要把意图转化为行动力。为了不让明天成为拖延的借口，可以采取以下两个策略来拒绝拖延。

1. 想象未来

心理学家在研究情绪预测时得出结论，若想提升当下的执行力，要利用心理图像，更多、更准确地想象目标发展后的未来，把它描绘成和当下一样。面对即将到来的美好未来，人的情绪会高涨，会产生马上行动的冲动。

比如一个经常拖延退休金储蓄的人，可以想象退休后，有退休金和没有退休金的生活，到时差别有多大。如果有退休金，自己就能安享晚年。如果没有退休金，就是两种可能，一是向子女要钱，那就得看孩子脸色，说不定还不肯给；二是老年的自己，还在为一日三餐操劳。经过一比较，有没有退休金的生活，就完全不一样了。这个人就会改变储蓄退休金的拖延行为。为了实现这个愿望，他会罗列出每年要储蓄的金额，再把这笔钱细化，换算成每天储蓄的金额。预估未来的美好，能促使我们当下采取更多的实际行动。

2. 预测错误

很多时候，拖延者会对自己说："我今天心情不好，等明天再做。""今天太累了,明天会空一些。""明天一定能比今天做得更好。"拖延者,必定要为拖延找很多借口,尽管这些借口看起来很可笑,但是他们依然乐此不疲。

为了杜绝拖延,当我们以"今天心情不好"做借口时,需要静下来思考一下:"我今天为什么心情不好,明天心情一定能好吗?"当我们觉得"明天一定能比今天做得更好"时,试想一下:"为什么今天做不好,明天有什么理由会比今天做得更好?"拖延者只为拖延找借口,如果细想一下这些拖延理由,很多是站不住脚的。一定要知道,想要不拖延,行动力是关键,动力状态并不需要和意图相匹配。

很多时候,拖延者只是不想当下做事,并不是这时做不了事,重要的是没有工作状态。谁都想偷懒,如果状态不好就能不工作,谁都不想工作。现实中,大部分人没有任性的资本,当工作状态不好时,就要自己调节。比如运动运动,或者做积极的自我暗示,或者对自己说:"我要工作,我一定要工作。"只要自己想改变消极状态,做一系列努力后,状态真的会改变。造成拖延的原因,往往只是心理状态在作怪,只要调整好状态,还是一样能做事。

比如一个跑步锻炼的拖延者,他会给自己找各种不跑步的借口。当遇到雨天时,会对自己说:"今天下雨,不出门了。"或许我们都希望能在晴天出门锻炼,但是不可能没有下雨的日子,他完全可以穿上雨具去跑步。天气与锻炼没有必定的联系,我们可以按照意图付之行动。

另外,当我们制订计划时,内心是热情的,等到了明天,热情就会减弱。这种情况很常见,就像制订年初计划时,写了一大堆,越到后来，越不把这些计划当回事，等到了年底，发现年初制订的计划，许多竟然一动没动，部分计划虎头蛇尾，少部分计划勉强完成。于是，在后悔、懊恼、叹息等情绪中，下决心明年一定要好好做，等明年开始后，谁知道又会是怎样的结果。

情绪是无法预测的。今天可能很乐观，或许明天这份乐观就没有了；今天情绪很糟，明天或许更糟……当情绪不佳时，又会屈从于感觉，拖延者的借口就更堂而皇之了。

动力状态一定不能去迎合情绪状态，当动力状态做了情绪状态的奴隶时，拖延症就要粉墨登场。不要进入动力状态与目标任务相匹配的误区，任何时候，一定要选择立即行动，立即开始。

社会心理学家通过研究证实，态度跟随行为变化，要比行为跟随态度变化的情况来得多，也就是说，当你按照意图开始行动时，态度和动力都会发生变化。所以，只要我们开始行动，一切都会好起来。

梦想是动机，行动是关键。梦想再好，如果没有行动，一切只是空想。昨天的努力决定今天的生活，今天的努力决定明天的生活，若想有一个美好的人生，就要时刻牢记做事不拖延，这才是成功的开端。

保持专注，一心一用

所谓"专注"，就是集中精力、专心致志、全神贯注。当一个人专注地做一件事时，时间、精力和智慧会全部凝聚到所干的事上，积极性、主动性和创造性得到较大发挥，从而使自身的潜力发挥到极

拖延心理分析课：
如何除掉阻碍你行动的顽疾

致。一旦到达那种状态，全部精力集中在一个点上，没有了自我的概念，最终得到的收获会令人惊讶。相反，如果不能专注地做一件事，不管想得多好，最后都会事倍功半。

早上八点，小李出门上班，路上他想："上午头脑清醒，一到单位，就开始写半年度总结报告，尽量把这事提早完成。"

到达办公室时，刚好九点整。他刚想打开电脑，发现办公桌上堆放着一些文件，想到今天的主要任务是写半年度总结，这些文件与工作无关，他便先着手整理起办公桌。整理完办公桌，看办公室其他地方也需要整理，就随手整理了。一晃，半个小时过去了。看着整理得井然有序的办公室，小李很满意。

因为刚才忙碌，感觉口渴，他去饮水房灌了一壶开水，倒了杯水，坐在位置上稍作休息。然后打开电脑，这时网页上弹出一则新闻，是关于他喜欢的一位明星。他随手点了进去，一边喝茶，一边看娱乐新闻。看完这则新闻，下面还有几条相关链接，他继续点进去看。待看完，又过去15分钟。

他看看时间，十点不到，打算开始写总结报告。这时电话响了，是业务单位打来的电话，对方说刚刚收到的这批产品，质量没有以前的好，顺带着说了一大堆抱怨的话。小李知道，对方无非是想压低点单价。客户就是上帝，小李只能一边听着对方抱怨，一边唯唯诺诺地做些无谓的解释。等放下电话，他心里感觉特别憋屈，独自坐着消化不良情绪，20分钟又过去了。

他走出办公室，想去趟洗手间，顺便吹吹风，调节一下不良情绪。往回走时，他闻到一股咖啡香味，原来是另一个部门的同事正在

第三章
日常管理：用良好习惯战胜拖延

享受"上午茶"，他们邀请小李喝一杯。小李想到刚刚的憋屈，觉得喝杯咖啡有助于调整心态，于是同意了他们的邀请。喝着咖啡，随便加入他们的话题聊了几句，等回到办公室时，他看看表，将近11点。11点钟有个部门例会，想到写半年度总结是件费脑的事，一时半会儿也进入不了状态，这事就留到明天吧。

小李的计划被自己打破了，一上午都没有做成事，他犯的错误就是没有专注地做一件事。他一早去上班，对写半年度总结抱着极大的热忱，随着时间的消磨，他的热忱逐渐下降，最后就成了典型的拖延——"明天再说"。

拖延的习惯会磨灭人的创造力和积极性，在有热情的情况下做事，和在热情消失后做事，同一件事的工作效率都会相差很远。很多有天赋的人，原本有希望成功，却因为拖延而逐渐丧失做事的热情，最后只能成为平庸之辈。

有些事情一开始做时，会感到快乐和有趣，等过些日子再做，就会觉得无趣和痛苦。今天的事放着不做，非客观原因地拖延到以后做，拖延过程中浪费的时间和精力，足可以把这件事做好。

拖延的恶习具有普遍性，造成的原因多种多样，一定要时刻提醒自己，不让拖延有出场的机会。一旦心里想做这件事，就要抛开其他杂事，一心一意专注地去做。小李打算今天写半年度总结，办公室原本可以在昨天下班前整理好，今天一到单位，就可以立即投入到计划的工作中。当一个人进入高效工作状态时，即使中途接个电话，因为工作已在进行中，挂了电话后，就能立即接下去做。

一旦决定开始，就要立即行动，当专注地投入工作中，大脑就会高效地运转，自身也会处于积极的状态中。这时，工作效率提高了，拖延行为也就不存在了。

做好桌面收纳

办公室桌面的整洁程度，直接决定一个人工作效率的高低，因为整洁的办公桌，能够让人专注于做事，这是提高工作效率的关键之一。为什么这么说？因为桌面整洁有两大好处：

1. 集中精力，专注工作

桌面上乱七八糟的文件，会带来视觉上的干扰。当一个人想要专心工作时，扫一眼乱七八糟的文件，会想起还有其他需要待办的事，这个过程通常会停留几秒钟，注意力瞬间就被分散。如果你的桌面干干净净，大脑就无法通过视觉传递造成干扰。还有一种可能就是停下打算要完成的工作，而着手去做刚刚想到的事，那刚刚开始做准备工作的时间就别浪费了。

集中注意力工作和桌面整洁有着直接联系，也就是说，直接导致工作效率高低。反之，如果桌面总是乱糟糟的人，也是工作条理比较差的人。

2. 心情舒畅，内心平和

太多的视觉干扰，会给人增添很多压力，没有视觉干扰的情况下，压力自然减少。没有压力的情况下，内心轻松平和，这样有助于专注地做事。遇到有难度的工作，在良好的心境下，容易快速进入工作状态，能在用较少的时间内找到解决方案，从而提升工作效率。

第三章
日常管理：用良好习惯战胜拖延

为了减少杂乱无章带来的拖延，第一步要做的就是开始动手整理桌面。一个拖延已久的人，看到桌面上堆积如山的文件和文件袋，会感到手足无措，再想到几抽屉乱七八糟的东西，更是会感到害怕。

万事开头难，任何看似复杂的事情，只要动起来，就会容易得多。在决定开始整理那天起，最好一次多花点时间，能把它们全部搞定。实在没有时间，每天安排一小段时间，把这个工作时间段排在当日工作日程上，不要拖延，认真去做。

首先，把所有文件都摞在一起。开始整理，先从文件入手，按顺序从上到下逐一处理，不要遗漏。需要整理的文件按五种情况分类：丢弃、转交、存档、执行或者待办事项。拿起一份文件，要迅速判断出属于哪类，该怎么处理就怎么处理。如果有的文件一时做不出判断，就归纳到待办事项中，然后再整理下一份。在没有整理完的情况下，新的文件和物品，一定要按类归档，让自己先养成习惯。

做好桌面收纳后，再考虑如何简化办公区域。问问自己："哪些是重要的东西？哪些是必须要的？哪些是经常要用的？哪些只是堆满桌面和抽屉的杂物？"

大脑里有明确答案后，开始清理桌面。桌面是办公区域，最好只放手头工作要用的东西。除了电脑、电话、存放文件的收件箱，或许就是随手需要记录的笔记本和笔，那些以后工作中需要用到的东西，都没必要留在桌面上。当日需要处理完的文件，处理完后，就立刻装入到抽屉中的文件袋里。

在简化办公区域时，有几个小技巧：

（1）那些整理出来的文件和文件袋，逐一登记在项目清单中，然后放到一个看不见的地方。

（2）桌面上那些小摆设、照片和各种海报，留一两张照片外，统统丢弃，要知道，时间比这些东西都宝贵。

（3）抽屉或架子里的物品全部搬出来，一次整理一个抽屉或架子，把这些东西按照整理桌面一样分类归纳。在旁边放一个垃圾袋，对所有物品迅速做出判断，要懂得断舍离，一些价值不大的东西，果断舍弃。千万不要把它放回杂物堆里，希望等下再做判断，如果这样，永远清理不完。

（4）如果对很多东西总是下不了决心，不要在犹豫上浪费时间，那就准备一个"可能有用"的箱子，里面集中堆放那些以后可能用得着的东西，在盒子上做个标签，放在一个看不见的地方。如果半年或一年，这个盒子始终没有打开过，那就把它处理掉。

办公桌面整洁了，抽屉和架子都整理好了，就要想办法保持这个"不易分心"的办公环境。习惯是个怪兽，如果改不了旧习惯，过不了几天，桌面和抽屉里都会回到以前的样子，所以要坚持。当一个人用意志把新的习惯坚持 21 天后，新的习惯就养成了，它会代替旧的习惯。

在保持整洁环境的习惯中，可以这样做：

（1）在桌上放一个收件箱。不要随手把东西放在桌面上，一定要记得，把一切东西放入收件箱中。

（2）每天清空收件箱。采用日事日毕的方式，每天把收件箱中的文件或其他物件，根据丢弃、转交、存档、待办事项分类，每一件物品都被归纳到相应位置中去。

（3）记得每件物品都各就各位。每件物品在用完后，都要立刻放回原来的位置，切记千万不要随手放在桌面上，也不要随便塞进抽屉里，一定要养成并保持每件物品归位的习惯。

当你养成上面三个习惯后，桌面就能保持干净，尽管养成新的习惯需要很大的意志力，但是一定要时刻提醒自己，只有养成良好的工作习惯，才能提高工作效率，拖延陋习也就无法登场了。

明确做事目标

好习惯养成需要时间，坏习惯只要一疏忽，就会紧随而来。拖延行为就是这样，只要稍微一松懈，就会乘虚而入。做事有明确目标，并按着目标一步步去完成，这是杜绝拖延的良好习惯。

前些日子，有消息传出，单位要组织一次出国旅行。听到这个消息，丽娜的心浮躁起来，做什么事都进入不了状态。当时，她手中正在策划一个广告方案，原本进行得顺顺利利的工作，好像突然增加了难度。在不佳的工作状态下，自然没有效率可言，丽娜干脆提前给自己放了假。出国前几天，她只是随心处理了一些原本可做可不做的事，大部分时间在网上浏览一些无关紧要的网页，目的就是把这几天混过去。

坏习惯养成真是太容易了，让丽娜没想到的是，自己竟然因此染上了拖延症。事情是这样的：旅游完开始上班第一天，她无法集中精力做事。她以为游玩了几天，一时无法适应上班时间。为了让心安定下来，她放任自己当天不做事，以为第二天会转好。谁知接连几天，

拖延心理分析课：
如何除掉阻碍你行动的顽疾

都进入不了工作状态。

　　这时，领导来问她广告方案的进度。她只能找借口说，为了把方案做得更完美，她想把市场调查这块做得细致些。对于这样的回复，领导很满意，还表扬她做事有责任心。听着领导的表扬，丽娜心里发毛，知道是因为拖延的原因。时间被这样浪费，她有一种犯罪感，觉得不能再这样下去。一是工作不完成毕竟是大事，二是如果领导再来问，还得不断找借口。第一次借口领导能认同，如果第二次、第三次再问工作情况时，再完美的借口都不如结果。

　　经过一段时间的放松，身体已经处在懒惰的舒适区，要让它再开始紧张工作，自律是关键。为了改变目前状况，丽娜知道必须从思想上确立决心。头脑决定行动，再好的计划没有付之行动，一切都是空谈。

　　为了让自己进入工作状态，丽娜觉得先想办法让自己浮躁的心安定下来，努力做到能够集中思想。为了达到这一步，她决定先给自己安排一个容易达到，又有兴趣去做的目标任务。因为简单的目标容易完成，能有效建立自信心；有兴趣的事，又能促使行动力。

　　主意打定，爱好阅读的她，决定用看书的方法达到这个目的。她去图书馆借了一本与自己手头工作有关的书。原计划丽娜打算用三天时间看完书的一半，结果两天时间看了大半。虽然工作还是没有多少进展，但是书中很多知识点和案例，让她对手头的工作有了新的认识，原本有几个节点自己思路不够清晰，现在获得了突破。

　　一本名为《习惯的力量》的书中有这么一句话："人很难改变一个习惯，你只能用一个新的习惯去代替另外一个旧的习惯。"为了改

第三章
日常管理：用良好习惯战胜拖延

变已经形成的拖延习惯，丽娜决定重新培养新的习惯。

平时，她一到办公室，打开电脑后，先登QQ、上电脑版微信，然后点开浏览器网页。为了不让自己陷入以前的习惯模式，不分散注意力，她决定先不开电脑，而是准备了一本工作笔记，把每天要完成的任务化解成几个小任务，然后在各个任务后面写上操作方案，同时标上完成的时间。其他一些需要完成的急事，她也写在笔记本上，这些事情到时用零碎的时间去完成。

原本感觉一个脑子涨得犹如两个大，千头万绪不知从何下手。通过记录，等于梳理了思路，感觉整件事有了眉目，并且整理出几条思路供自己筛选，繁杂的事情变得明朗起来。本来在做事时，另一件事突然从脑子中跳出来，提醒自己该去做了。梳理思路后，那些事再不会跳出来打断思路。

丽娜重新设定了时间计划，每项工作点都有相应的时间节点。这样一来，她照着时间计划，逼着自己去做，工作精神终于被慢慢提起。每完成一个工作点，就在本子上打钩，看着钩钩越来越多，成就感越来越强烈。一天结束时，看看整个工作进度，如果完成得早，她就给自己小小的奖励，放松一下，在下班前刷刷朋友圈，去微信群或QQ群海聊几句。如果当天工作没有完成，她就逼着自己加班。虽然没人喜欢加班，但是这是对自己的惩罚，对自己的警告：没有按计划行事，就要接受惩罚。

当工作遇到困难时，丽娜的情绪会很低落。因为怕重回到拖延的老路上，丽娜选择不逃避，不放下，而是选择一种自己常用的方法去面对困难。

她会拿出一张纸，把纸对折，然后左边写上困难，右边根据相应的困难，写上解决方案，有些困难自己实在很难解决，就去求助领导和同事。当困难逐个被突破，工作思路越来越开阔，这时工作也就顺畅了，她的心情也明朗了。

每当情绪不好，想停下工作时，丽娜总是提醒自己："如果接下去的日子，我都情绪不好，难道我就不工作了吗？那我拿什么养活自己？我还如何去实现自身目标？"情绪不好只能靠自己，作为一个成年人，一定要学会掌控自己的情绪，朝着既定的目标坚定地努力。

在这段被拖延困扰的日子里，丽娜通过自我调节，终于摆脱了拖延。亡羊补牢，为时未晚，当出其不意地染上拖延陋习时，不要惊慌，要冷静下来，找到适合自己的方法，在它还没来得及根深蒂固时，想尽办法连根拔起。

目标，是成功的方向，当一个人拥有好的目标，并愿意为完成目标不懈努力时，整个人就充满激情，有很强的执行力，这样，拖延根本就不会有登场的机会。

对于每个人来说，世界上最公平的是时间。在同等时间中，有人懂得合理安排，有人却杂乱无章。想要改变拖延陋习，就要明确自己每天的做事目标，紧盯目标，不让自己有松懈的机会。当一个个目标被分解完成时，也就不可能有什么拖延了。

把待办事项做醒目标志

从一个人每天把时间花在哪儿，就能看出他一辈子的生活，这就

第三章
日常管理：用良好习惯战胜拖延

是所谓的如何过一天，就是如何过一生。努力的人会利用一切时间来提升自己，充实自己，而平庸的人却把大把时间用在吃喝玩乐中。时间就像流水，不好好利用，它也一样无情地流逝。时间是累积一切的根源，浪费时间的人，也就拖延了做事的进度。

每天都有每天的事情要做，当天事要当天毕，合理利用时间的人，比不珍惜时间的人，会创造出更大的业绩。

拖延者其实都很苦恼，到了临睡前，想起今天的工作没有完成，心里很不踏实，很有可能在梦里还会想着没有完成的工作。养成一个习惯是经年累月的事，但是习惯并不是不能改变。很多人信奉"江山易改，本性难移"，其实并非如此，只要意志坚定，能够坚持，再加上合理的方法，去培养一个新的好习惯，当好习惯形成时，坏习惯自然就会离开。

拖延者之所以很难改变自己的拖延行为，一是可能意志不够坚强，二是可能没有找到合适的方法。如果有着坚强的意志和合适的方法，拖延行为必定能被改变。

有一种有效战胜拖延的方法，就是列出每天要办的事项，把工作按重要性和紧急性的程度做好标记，放置在最醒目的位置上，以此时时提醒自己今天要完成的事，给自己施加一种压力。列事项的时间可以固定在每天上班的第一件事，也可以是头天最后一件事。

罗列每天要办事项的操作方法，通常有以下几个：

1. 每天早上一到公司，第一件事就是打开日程本

在日程本上写下今天要做的事，根据轻重缓急分成 A 类和 B 类，A 类先写，再写 B 类。写好后摊在桌上，按照顺序开始工作，每完成

一项打一个钩。临时有任务，根据轻重缓急写到相应类别里，接着完成手头的任务，这样有利于提高效率。日程本的记录，除了工作以外，家里的事最好也记录在内，回到家，把日程本放在手边，随时提醒自己该做的事。

2. 用便利贴贴在电脑边

工作中，肯定有突发的小事情要临时完成，既不想停下手头工作，又不能忘记临时任务，可以准备一刀便利纸，随时记下来。用电脑办公的人员贴在电脑边沿，不用电脑办公的人，贴在工作场所中最醒目的地方，等手头工作告一段落后，再去处理这些小事，这样，有助于工作效率，也不会因为短暂的拖延而忘记要办的事。

3. 做固定的事情

有些工作是有时间点的，比如开会、接见客户、约定好的电话联系。有时工作太投入，容易忘记，就要设置手机闹钟，提醒自己该干什么事了。

4. 把事情分类

工作中，最重要的是重要但又不紧急的事情。这类事情在短期内看不到效果，很重要却又好似不在A类内，但如果老不把它归到A类中，它就永远在B类中了。这些事情可以通过分解任务，把大任务分解成很多个小任务，每天把几个小任务列入A类中，逐步完成。紧急的事情不一定重要，重要的事情却一定有着特别的意义，这类事情一定要提早准备，留出充足的时间去完成，才不会耽误重要的事情。

5. 总结

每天列完当日工作内容时，可以写头天总结。经验很宝贵，都是智慧的结晶,写总结就是和自己对话,有不足的地方努力改进,优秀的地方继续保持。日积月累,会发现自己的工作能力越来越强,工作效率越来越高,对自己也更有信心和把握了。

现在造成拖延最大的原因是电子设备,像手机、电话、微信、QQ、掌上阅读、淘宝等,任何一项都很浪费时间,一拿起手机,很多人就把要做的事抛在了脑后。最要引起重视的是,别让娱乐耽误过多时间,在这娱乐至死的时代,耽误人类的是最喜欢的东西,它无时无刻不在吞噬着我们宝贵的时间。所以,要时刻牢记待办事项,督促自己的执行力,做好了日常管理,好的习惯也就战胜了拖延的陋习。

互相监督,他人帮助胜过单打独斗

解决拖延,除了需要自身的意志力和决心外,还可以通过改变旧有习惯和新的规律来约束自我。一个人之所以拖延,最大原因是自制力差,很多人并不想拖延,却不知不觉沦为拖延者。如果想彻底摆脱拖延,找朋友一起克服,比一个人单打独斗要容易。

比如建一个战拖微信群,群里每天安排一个值日生。轮到值日的,每天早上督促大家按时起床,按时出门上班;到单位后提醒大家做当日日程笔记;中午提醒大家,有否完成上半天安排的工作;将要下班时,同样提醒大家检查一下,有没有做到当日事当日毕;晚上,约定一个时间,大家交流当天拖延情况,有谁没有做到。交流过程自我检查,自我汇报,相互监督,如当天发现某人有拖延情况,建议拖延者罚发一定金额红包,这钱留到月底聚餐,或给大家充话费。

拖延心理分析课：
如何除掉阻碍你行动的顽疾

小远这些日子，老是提不起精神工作，很多工作没有正常完成，已被领导批评过几次，因此，她产生了紧张感和焦虑感，越是这样，越是无法正常工作，她开始怀疑自己的工作能力。在和朋友聊天中，得知自己得了拖延症。朋友也有拖延行为，前段时间刚好和一些拖延者建了一个微信群，群友们互相监督战胜拖延陋习。

运动能够激发行动力，他们采取的方法是进行体育锻炼，想先通过改变体能拖延，从而改变其他拖延。群里几个人都住得比较近，他们每天早晨六点，约定在附近公园门口集合，一起进行晨跑锻炼。

为了起到有效监督，群友们如果有人请假不参加晨跑，就要拿出足够的证据，确实是因为一定原因不能参加，征得大家同意后才行。在规定时间内不能迟到，也要保证完成各人自己定下的目标才可以结束，如果做不到，当天晚饭就由谁请客。

在朋友的引荐下，想要改变拖延行为的小远，也加入了这个群体。有时候金钱的力量更巨大，小远一想到晨跑迟到或完不成任务要请客，真金白银就要从口袋里流出去，就再也不敢赖床。

她调好闹钟，每天早上五点半起床。平时洗漱慢腾腾的她，为了不迟到，动作都变迅速了。跑步过程中，有时感觉实在承受不住了，很想打退堂鼓。这时，群友们都会鼓励她，在大家鼓励下，小远总能咬牙完成。一段时间后，小远的体质增强了，精神也好多了，行动力也被激发起来，拖延症初步得到改善。

为什么要选择他人监督呢？有个现象被称为社会促进，也称为社会助长，是指个体在完成某项活动时，因为他人在场或和他人一起参加活动，行为效率能够明显提高。就像一个人吃饭没意思，一群人吃饭却很香；一个人爬山感觉累，一群人在一起就容易到达顶峰。

小远和群友们会常交流战拖方法，谁发现有好的方法，就及时告知群友。谁今天做得最好，群内就展开"夸夸你"，大家拿出最棒的语句夸奖他。当然，夸奖的语句都与战拖有关。在夸奖他人时，也同时激励了自己，这个方法还挺管用。

战拖过程是个漫长的旅程，不一定一下子会有效果。如果刚开始效果不明显，不要急，要沉住气，要相信自己，只要方法准确，坚持下去，一定能够改变陋习。在接受他人监督的同时，自己也要高度重视，这样效果会更佳。自己可以从以下四个步骤来配合改进：

1. 做笔录

每天做好战拖记录，哪怕是一点点进步，都要记录在内，鼓励自己。比如"今天准时起床""工作想偷懒时坚持了下来""情绪不好时通过自我调节有了好转""发现拖延情况正在好转"。通过记录，给自己暗示的力量，内心得到正能量，就会更积极地去做。

2. 监督

对别人的监督自己能否真心接受？你有没有真心去关心其他需要监督的朋友？很多东西是相互的，你需要别人监督，别人也需要你监督，这样大家就能一起成长，一起战胜拖延。

3. 检查自己

反思一下，今天自己在战拖时，哪些做得不够，为什么没做好，如果下次遇到同样情况，自己有没有对应的良策？

4. 心理暗示

每天临睡前都对自己说："我一定能改掉拖延行为，我一定行，一定能够。"临睡前的意念会渗透到睡眠中,有助于大脑记住这个暗示,会在心理上得到有效帮助。

《三字经》里说:"昔孟母,择邻处。"主要说明了环境的重要性。环境确实很重要,拖延症是极容易传染的,时时要想办法杜绝被环境"污染"。如果身边有拖延者,应该远离。比如周末,原本想看一本书,朋友说:"先去看场电影,书可以再看。"一次选择拖延,就会时时拖延。这时正确的做法应该是:"我先看书,等规定章节看完,再去看电影。"看电影也成了对自己的奖励,一举两得。

不要小看集体的力量,在战拖路上,有人同行,好过单打独斗。大家携手战拖,互相监督,互相帮助,拖延就会不断被弱化,最后消失。

压力非动力,别美化压力

拖延分消极拖延和积极拖延。那些积极拖延者,认为压力能够激发潜能,在最后期限来临的压力下,能够把工作完成得更出色。不能否定有这样的人,但是不要太相信"压力之下必有勇夫"。更多的时候可能是,在巨大压力下乱了阵脚,在最后期限把自己忙得团团转的情况下,完成的工作可能错误百出,却又没有时间去改正。最后不了了之,留给别人做事不靠谱的印象。

为了不把工作拖到最后一分钟完成,有必要把目标任务设定一个期限,期限可以是短期、中期或长期。如何把像脱缰的野马一样的驱动力抑制住?我们可以分成以下几步来做。

第三章
日常管理：用良好习惯战胜拖延

首先，运用自己对事物的价值观标准衡量，发现一个计划不值得做时，不要犹豫，当机放弃，不然只会把时间浪费在无用的事物上。人生最重要的资源是金钱和时间，金钱可以通过很多途径得到，而时间却是最公平的，即使有通天本事，都无法多得一秒钟。

其次，编制一个时间表，把要做的事情和每件事需要花费的时间，及该事情完成的期限都写下来。完成任务的期限要定在最后截止期限之前，这是培养一种较合实际的意识。比如信用卡还款最后日期是每个月10日，那设定付款日期在每月5日。如果设置在最后一刻，一旦出现意外，就连补救的机会都没有。

第三，一口吃不成胖子，在强化意志力时，先从简单的事情开始训练，通过一点点逐渐增强。比如吃零食，吃得正欢时，强迫自己停下来；在看小说时，尝试停下来问问自己，是不是在浪费时间和精力，如果是，是否还要继续？泰克医生说："如果你精力集中的时间限度是十分钟，而工作要一小时才能做完，那么，你的注意力一开始散漫，就要停止工作，然后用三分钟时间活动筋骨。例如跳几下，去倒一杯水，或是做些锻炼肌肉的运动；活动过后，再把另一个十分钟花在工作上。"

第四，从这一刻开始，做任何事，想到便去做，而不是想我还有多少时间。当做事想到推迟时，大脑会产生滞后性，懒惰的行为立即会跟上来。想到就去做，是一切成功的开始，一定要养成这个习惯，这是战拖的基本方法。

第五，细化工作计划。在细化过程中，思考每一个步骤该如何完成，需要具备哪些条件。拿到任务不要盲目去做，事前一定要经过认真思考。通过分解任务，发现每个小任务都能找到准确的方法，那么找到的方法就是可行的、准确的。如果不慎重考虑，做了一半，发现方法不对，然后重新再来，那就浪费了时间，拖延了工作进度。

第六，对所要完成的任务，计划一个准确的截止日期。把任务分成若干个节点，每个节点预测所需时间，合计后得出最终所需时间，看与最后截止日期是否相符。完成每个分段任务的时间，一定要在规定期限内，只能提早，不能推后，一个节点推后，就会造成其他节点全部推后，所有环节都要紧紧相扣。

拖延是浪费时间、浪费生命的一种坏习惯，当一拖再拖，不能再拖时，看着截止日期越来越近，焦虑、紧张、烦闷、不自信等症状会一并出现。目标任务就变成了压力，仿佛心里压了一块巨石，让人透不过气来。千万不要相信压力就是动力，在宽余的时间中完成100分，比在紧迫的时间中完成100分要容易得多。任何非客观的拖延于己于人都没有好处，只会对自己的人生造成不良影响。

那些总把工作拖到最后期限做的人，往往忽略了"意外"的存在因素，没给自己留一点余地。尚且在最后期限，发生一些预想不到的问题，就没有时间去处理应急情况，把自己的后路都堵死了。

所以，任何情况下，都要拒绝主观拖延，这将会对你的人生起到很大的改变。

适当奖励自己

大家之所以拖延，很多时候是因为努力做了事，却得不到相应的回报。比如说好的减肥，坚持十天半月的减肥运动后，一称，体重还是一样，于是就颓然放弃；看完一本管理书，发现在工作实践中并没起实际作用，于是不再看另外几本；为了提高英语水平，打算多记几个单词，发现前几天学的单词，到今天没记住几个，就没有动力继续学下去。

很多有意义的事，不是在短期内就能够看到回报的，因为没有得到即时回报，常使人缺少坚持的动力。那么，有什么办法使我们愿意坚持去做一件需要长期投入，却在短期内看不到回报的事呢？这个时候，可以建立适用的"自我奖励机制"，通过奖励自己，让自己有动力坚持下去。

像给自己制订的"一万小时阅读计划""一年内让自己变成小蛮腰"这些具体目标，如果不给自己相应的奖励，会很容易拖延着不去完成。每个人在心里都有一个回馈期望，希望付出的努力能够得到即时回报。长时间得不到回报的目标，是很多人坚持不下去的原因。就像创业成功的人不多，因为创业回报周期长，很多人在坚持一段时间后，还看不到希望，于是选择放弃。普通人只看着眼前利益，今天干了一天，能得到多少回报，是他们最想知道的。

香港首富李嘉诚先生这样说："付出就想马上有回报——你适合做钟点工；期望能按月得到报酬——你适合做打工族；耐心按年度领取年收入——是职业经理人；能耐心等待三到五年——适合做投资家；用一生的眼光去权衡——你就是企业家。"

事实上只有长远的目标，才能给我们丰厚的回报。所以在面对选择个人成长的长远目标时，当世界不给我们奖励，我们要自己给自己奖励，这样才有信心朝着这条路走下去，不然很容易热情消退后，选择拖延，最终放弃。

"自我奖励机制"可以设定一个简单的原则，小目标小奖励，大目标大奖励。当完成一个大目标需要坚持很长时间时，可以把大目标分成很多个小目标，然后根据完成小目标的步骤来奖励自己，当最后整个大目标完成时，再给自己一次大奖励。

比如要参加职称考试，每天坚持看一定页码的书，终于把书看完，给自己一次小奖励。比如去吃一顿大餐，或者接下去的一个晚上去看看电影，或去K歌，放松自己。当终于通过职称考试时，可以给自己大奖励一次，比如买一个因为昂贵，早已想买却一直舍不得买的包包。

虽然吃一顿大餐和看一场电影，并不是奢侈的事，或者那个包，最终还是会决定买，只是把这一切当成奖励后，获得后的心情会不同，与单纯地吃或买或娱乐完全不一样。

在设定"自我奖励机制"时，最好是根据具体目标设定。比如想坚持运动减肥的，可以根据坚持的时间给予奖励，如坚持运动了一个月，可以奖励自己一次。也可以根据减肥得到的效果奖励，如以重量为准，每下降两公斤为一个奖励目标。当目标分解后，回报就不会遥遥无期。

达到了奖励要求，就把平时想干而没干的事、想买而没买的东西、想吃而没吃的食物，当成给自己的奖励。这样，会得到双重的成就感，能够激起一种掌握自我的胜利感。

在给自己制定配套奖励时，最好不要和目标有冲突，尽量顺应目标要求。比如目标是减肥，奖励最好不要选择吃，而是买衣服，当穿着小一码的衣服时，会为自己的坚持感到自豪。

除了自律性特别强的人，能够依靠自身意志坚持一件事，大部分人需要一些刺激，才能勉励自己孤独地完成一段旅程。一套有效的自我奖励机制，是完成长期目标过程中，减少拖延的有效方法。

在给自己建立明确又具体的目标体系后，在完成过程中，能清楚地认识到自己有没有做到，做到了就给实物奖励。有了实物奖励后，因为心情愉悦，人体会产生情绪记忆；当做事情时，人体又会根据动作产生行为记忆；当实现目标后，又会产生思维记忆。当三种记忆相辅相成后，会在大脑深处形成深刻的记忆，长此以往，也就形成了一个新的习惯。

关于奖励，概括起来，重点就是以下两点：

1. 及时奖励，不要让自己等太久

当我们在一个阶段获得成果，或者有一点点进步后，都要给自己适当的奖励，尊循原则还是小目标小奖励，大目标大奖励。第一时间给自己奖励，大脑会感知到这种快乐，有助于继续坚持。比如看完一本书，就给自己买点小礼品；比如多记住了几个单词，就给自己买点好吃的。

2. 大奖励要是相对"难得"的东西

当完成大目标时，要给自己难得的大奖励，这样才会产生更大的驱动力。比如想买一台笔记本电脑，正好想减肥的你，鼓励自己坚持运动，当达到减肥目标时，就给自己买回电脑。结果是两全其美，既减了肥，又得到了想要的电脑。

生活中，我们要学会自我奖励，让自己变得更好。如果太会抱怨，发现今天没有抱怨，就给自己一点奖励；如果常常要等积满一脸盆衣服才洗，今天把刚换下的衣服洗了，就及时给自己奖励；如果原本爱睡懒觉，发现今天没睡懒觉，就给自己奖励……把每次要买的东西，或者要享受的事物，都当成一种奖品，哪怕是有了细微的进步，长久如此，都能让自己变得更好。

用"自我奖励机制"去经营自己的人生，去坚持人生中的一个个目标，持续一段时间后，会惊喜地发现，原来很懒散的人，逐渐变得勤奋起来；原来很消极的人，变得阳光起来；原来喜欢拖延的人，这种陋习得到了有效改善。

生活那样美好，拖延者在战拖过程中，哪怕取得一点点进步，都要给自己适当奖励，战拖的成果就会越来越丰硕。

第四章
立即行动：不给拖延任何机会

当你开始行动，就会发现，只要稍稍努力，就能完成得更好，很多事并没有想象中那样困难。当目标和正向反馈有了联系，自然就会带领你和拖延背道而驰。当你告别了拖延，开始立即行动，就会发现自己的执行力加强了，工作效率提升了。

拖延不是解决问题的办法

明明有很多事情要做,待处理的文件、脏乱的房间、该邮寄的快递、一封未写完的邮件……一大堆事需要处理,却就是不想开始,不由自主地翻起朋友圈,或者去阳台看花,或者给自己泡杯茶,待坐下来,又发现该去趟卫生间。明明知道熬夜不好,却打着呵欠看电视剧,找人聊天,看着公众号上的内容,直到深夜,才恋恋不舍地关灯睡觉。

我们不理时间,时间会过去;我们不理工作,工作还会堆在那里。逃避不能解决问题,只能让问题越来越多。很多时候,即使针对的是同一个问题,只要换个角度去看,就会豁然开朗。喜欢拖延的人,明知道逃避或拖延不能解决问题,只会带来不同程度的损失,但是他们依然选择拖延。这时候,该怎么办?如何才能让自己开始行动?

我们可以用价值驱动法,来驱动做事的积极性。所谓价值驱动法,就是在要完成的任务中,找出至少五个以上的重要价值点,让这些价值驱动惰性。

小张和其他部门有个合作项目,已经拖延了几天,知道逃避不能解决问题,但是始终不想行动。没做完的事搁在心里,挺不舒服,该

第四章
立即行动：不给拖延任何机会

怎么办。小张坐下来思考，用价值驱动法，在一张纸上，写出这任务的五个重要价值点。

（1）绩效考核：完成不完成，关系到这个月的绩效考核，绩效考核就与工资有关。

（2）事情本身：这工作很有创造性，能激发人的潜能，是一件很有意义的事。

（3）职业规划：这文案领导很重视，如果做好了，说不定能升职加薪。

（4）同事之间：我尽早完成任务，给下游同事留出充裕的时间。

（5）自我锻炼：做好这个项目，能锻炼我和其他部门的协作能力，还能积累一批人脉资源。

当他列出这几条价值后，内心告诉自己，这件事这么重要，很有必要马上去完成。第一步驱动大脑成功，光思考，不行动是没用的，大脑尝到甜头后，趁热打铁，要想办法搞定它，这时采用实操方法。

一件被拖延的事，总有一定难度，如果很简单，一般人也就不会拖延。面对复杂的事情，首先要想办法拆分任务。小张梳理了一下做事的脉络：

（1）先和合作部门沟通；

（2）采集相关数据；

（3）再做数据分析；

（4）和合作部门核对分析数据结果；

（5）发邮件给各部门。

原本觉得很烦的事，经过梳理，事情步骤就出来了。这五个步骤中，小张觉得采集数据和分析数据最麻烦，其次是和合作部门沟通与核对分析数据。面对麻烦的事，有一个搞定"麻烦"的常用方法：拿一张A4纸，在纸中心画一条直线，再画几条横线，分成几个格子。在左边写上将会遇到的困难和麻烦，在右边相应部分写上解决的方案。

把任务拆分得越细越好，当你看着细化的任务，每一个困难都有了相应的解决方案，发现一直觉得很复杂的事，原来并没有想象中那样复杂。很多时候选择拖延，是因为害怕任务不能顺利完成，怕完成任务的过程中，出现很多不确定因素。当看到担心的任务，经过细化，原来并不那么难时，就有了做的欲望。

实操方法主要包含三个步骤：

（1）把任务细化，越细越好；

（2）把能想到的困难都写下来；

（3）写出相应的解决方案。

要让自己真正动起来，拆分任务后，给任务做一个具体的计划，就是把每个细化的任务，再进行时间安排，哪个任务哪个时间段去完成，并做好记录，督促自己去做。如果不落实到具体时间中，这事就只是在大脑中做了一遍。

接下去再列一张表，把纸对折后，左边写上细化的任务，右边写上相应工作的时间。这样在做每一步任务时，就能看到整件事情的进展，心里有底，到底能在什么时候完成。做的过程，看着事情一点点有了进展，会很有成就感，自然也就有欲望促使自己继续做下去。

拖着不动，工作不会自己完成，工作要干，才能干完。一定要给自己这个意念，工作是干完的，告诉自己：干，就完了！

任何事情，一等开始干了，就会变得顺利，在干的过程中，看到自身价值的体现，也会越来越有成就感。

拖延不能解决问题，只有动起来，才能把事情干完。归纳一下这个小节，就是：

第一步，价值驱动法：让自己愿意去做这件事。

第二步，设想操作法：把操作过程理一次，能想到的困难，都有相应的解决方案。

第三步，时间计划法：给需要完成的任务，做一个合理的时间计划，让自己行动起来。

第四步，马上行动法：趁热打铁，马上行动，干，就完了！

遇见困难，迎难而上

对于简单的事，拖延者并不一定会拖延，对于稍有难度的事，他们就会想尽方法选择逃避。所以，拖延者最典型的一个表现就是容易颓废，遇到一点困难就想避而远之，并因此为拖延寻找各种借口。比如"太难了，我不会""我从前没做过，不知道怎么做""为什么别人不需要做，干吗要我做"……当困难来临时，正确的做法应该是坚持忍耐，想办法去解决，而不是想方设法拖延。因为拖延根本不可能解决问题，或许反而会让问题变得更棘手。

毕淑敏曾经写过一篇文章，题目是《暴风雨是一个筛子》。文章大概内容是：毕淑敏35岁那年，考上了一所夜大。她白天上班，每

拖延心理分析课：
如何除掉阻碍你行动的顽疾

天晚上穿过五条街道去上课。一天晚饭后，突如其来了一场大风，天空随即暗下来，紧接着暴雨如瓢泼般从天上落下来。正打算出门的毕淑敏，望着屋外如注的暴雨，她不知道老师来不来上课。犹豫一会儿后，她决定还是去学校。她披上雨衣，带上雨伞，冲入暴风雨中。一路上，"呼呼"的大风吹破了她的雨伞，又把她的雨衣鼓得像帆一样，仿佛要把她吹到天上去。在大风大雨中，她连滚带爬，终于冲进学校。看门老人看到风雨中的毕淑敏，说："全校3000个师生，除了你，一个都没来。"

毕淑敏感到委屈和沮丧，觉得自己像个神经病。老人让她进小屋休息一会儿，看着失魂落魄的毕淑敏说："暴风雨是一个筛子，胆子小的，犹豫不决的，都被它筛下去了，留下的是有胆识和最不怕苦的人。"

这时，天空突然划过一道白色的闪电，毕淑敏顿悟："在这些学生中，或许我不是最聪明的，但是我是最有胆识和毅力的人。"

不管在生活中，还是工作中，困难是不可避免的，随时都会来到。如果遇到困难就逃避，就退缩，那就永远完成不了计划的目标。执行力强的人，知道水来土掩，兵来将挡的道理，不管遇见什么困难，都能迎刃而解。只要不是不切实际的计划，通过努力，一定会找到相应解决的办法。而执行力差的人，遇到一点困难就想退缩，就想撂担子，明知道不完成任务会带来各种不利，还是不想行动，只想拖延。

遇到困难时，很多人是在"我不行"的心理暗示下拖延不前，结果发现这件事真有不少难度。如果能够调整心态，把"我不行"的否

第四章
立即行动：不给拖延任何机会

定，改成"我一定能想到办法"的肯定，在积极心态的促使下，会去寻找一切能够解决难题的途径。

一切困难都是纸老虎，如果怕它，它就显得庞大无比。如果想要解决问题，开始思考，纸老虎就会被一点点戳破。拖延者想要逃避存在的困难，那纸老虎就会永远存在，并且会造成更大的心理压力。

遇见困难，很容易让人厌倦颓废，自信心也随之减弱。这时，可以选择分解任务的方法，把大任务分解成若干小任务，挑最容易完成的小任务来做，简单易成功的工作，能够提高积极性，也容易调整自己的心态。在完成小任务时，要鼓励自己："看，既然我有能力完成一小部分，就一定能完成一大部分，包括全部。"

人的心理状态很重要，抱着乐观的心态去做事，事情往往会朝着好的方向发展，原本感觉很难完成的任务，也没那样难了；抱着悲观的心态去做事，觉得仿佛全世界都在和你作对，没有一样是顺利的。

一个人拥有良好的心态时，没有严重的思想压力，整个人处于放松状态。这时，人容易集中思想，能静下心来专心做事，思维得到最大化发展。视野开阔了，思维扩展了，也就有了良好的结果。相反，人在状态不佳的情况下，容易丢三落四，思维和感官变得迟钝，行动也变得迟缓，拖延也就顺理成章。

执行力强的人，都是意志坚定的人，遇见困难，不逃避，不拖延，勇于进取。逃避和拖延于事无补，只会积累更多问题。一个想要成功的人，一定要想办法解决问题，而不是逃避问题。拖延，只会让自己丧失信心，降低自我价值感。

遇见困难，迎难而上，要拿出逢山开路，见河铺桥的英雄气概，而不是做一个懦夫，一味地逃避和拖延，这样只会显示自己的无能，最终一无所获。

目标与执行一体化

马云说过："一流的点子加三流的执行力，不如三流的点子加一流的执行力。"这话说得很明确，点子最好，都不如执行力重要，执行力才是效率的保障。

目标是有属性的，从时间维度来看，目标可分为长期目标和短期目标；从认知维度来看，目标可分为抽象目标和具体目标。抽象目标如"我将来要做一个有钱人""我将来要做一个画家""我一定要成功"，就像小时候老师让我们作文课写理想，我们大多数人的理想是"长大后做个科学家""长大后做个老师""长大后做个飞行员"等，这是抽象的概念，没有实际作用。所谓的具体目标，是有明确的时间节点和明确结果的语句，比如"我今天要做50个俯卧撑""我晨跑路程是五公里""我今年个人销售额要达到120万"。

如果不以时间节点规范完成期限，根据人的惰性本能，很多人会不知不觉去拖延。直到过了很久，回头看时，才发现自己已经在拖延的路上走了很久。当目标结果具体成为一件可执行的事情时，可以通过量化，去衡量自己有没有完成，这会给人一种紧迫感。

有了明确的目标，才有努力的方向，执行者才不会像拳头打在棉花上，有劲使不上，而是像瞄准靶心的箭，只待拉弓放箭。

想要不拖延，就要衡量设定的目标可否与行动融为一体。那如何来衡量目标呢？可以通过 SMART 的原则来检查目标的可行性。SMART 原则目标管理，不但有利于员工明确高效地工作，而且让管理者在以后考核员工时，有了更加科学和规范的考核目标和考核标准。

SMART 具有以下五大原则：

1. S 即为 Specific——目标必须是明确的

比如说"我的业绩一定要提升"，这就不是一个可执行的目标，因为目标不够明确。如改成"未来三年，我的业绩一定要每年提升35%"，这样才是明确目标。所谓"明确"就是用语言说明要达成目标的行为准则。明确目标几乎是个人或团队成功的首要条件和共同特征，也是衡量行为有没有拖延的标准之一。

思考重点是"行动计划是否清晰"。

2. M 即为 Measurable——目标必须可以衡量

比如"我们的产品一定会有很大的销量"，因为目标不可量化，所以不是一个可以执行的目标，如改成"我们的产品一年要达到500万销量"。所谓"衡量"是指目标不能含糊，有一组具体的数量，来衡量目标是否达成，让人看了一目了然。衡量数据大致是从数量、质量、成本、时间、领导和客户的满意度五方面来进行。当制定的目标无法从五方面来衡量时，通过细化目标，再从五方面中选一个来衡量。如果还是不能衡量，就将目标流程化，流程化后再通过以上几方面来衡量。

思考重点是"用什么衡量是否实现了目标"，也就是说目标必须是客观的，可以预测的，而不是主观的。

3. A 即为 Asifnow——目标必须是可以达到的

比如"我的业绩一定要增长到今年的 150 万",没有今年的具体数据,也就没有与之前的对比,这个目标就是不可执行。如改成"我今年的业绩要由去年的 100 万,增加至 150 万",有了具体的对比,才可执行。目标设定可以是"跳起来摘桃",但不能是"跳起来摘星星",不切实际的目标就是知心妄想。

思考重点是"实现目标的可行性有多大"。

4. R 即为 Realistic——目标必须和主要目标有相关性

所有的目标都应该围绕着主要目标,如果完成的目标和主要目标没有多大关联,甚至没有关联,即使达成了这个目标,意义也不是很大。比如让一个宾馆前台去学英语,学英语的目的是便于接电话时和他人沟通,这和前台岗位相符。如果让一个前台去学六西格玛,即使他达成了目标,和他的工作岗位也没有太多关联。

思考重点是"目标是否和其他目标具有关联"。

5. T 即为 Timed——目标必须具有明确的截止日期

比如"我要赚 200 万",不是一个可执行的目标,因为没有具体期限。如改成"我两年内要赚 200 万"就行,因为有了这个时间期限,可以再根据各时间节点,把目标细化,这样就有了可操作性。

思考重点是"什么时候开始?什么时候结束?什么时候又是计划的关键节点?"

也就是说,所有制动的目标,都要符合上述五个原则,少一个就无法实行。无法实行的目标,就只能无限拖延。举例来说 SMART 原则的目标检查:因为饿了,我要在十分钟之内,向西步行 250 米走到那家面馆,买一碗面吃。

检查分析:目的——因为饿了;时间期限——十分钟之内;可衡量——向西步行250米;目标,与目的相关联——买一碗面吃。这个目的很具体,让人一看就懂。

生活和工作中,如果一个目标不符合以上五个原则,操作过程中就会出现很多不必要的问题,用一个小故事来举例说明:

一个老板让一个员工去买复印纸,员工第一次买回来三张复印纸。老板一看,生气地说:"我要三包复印纸,谁叫你买三张了?"第二天,员工买回来三包A4纸。老板一看,更生气了,说:"我要的是B5纸。"过了几天,员工买回来三包B5纸。老板吼道:"买三包复印纸,竟然买了一个星期。"员工回话:"你又没说什么时候要。"

老板摇摇头说:"一个没有执行力的员工,办事真是太拖拉了。"员工嘟囔道:"这老板没有能力,连个任务都交代不清楚。"

如果这老板懂得SMART原则,他在交代任务时就会说清楚目标;如果这个员工懂得SMART原则,在执行时就会问清楚要完成的任务的相关问题。目标不清晰,大大降低了执行力,拖延也就随之产生。当执行与目标一致时,拖延减少,效率提高,也就有了事半功倍的效果。

不管怎样,先开始

寺庙里有两个钟,一个是年轻的小时钟,一个是摆动了15亿次的古董钟。一天,小时钟问古董钟:"我如何才能做到像你一样,能够成为身价百倍的古董钟?"

古董钟说:"坚持不懈,长年累月,当你像我一样钟摆摆到15亿次时,你就成为古董钟了。"

小时钟一听,惊叫起来:"什么?15亿次,天哪,怎么做得到?"

古董钟听了,立即改口,安慰它:"没事,你只要每秒钟摆动一下就行。"

小时钟听了,觉得这很简单,笑着点点头,照着古董钟的话,开始每秒摆动一次。日积月累,年复一年,小时钟做到了,果然成了古董钟。

对于简单的事,大家都乐意马上完成。之所以拖延,是因为想到将要面对的困难,耗时耗力耗精神,还不一定有满意的结果。那么面对任务,如何才能不拖延呢?想要不拖延,首先是起步,其次是爬坡,最后才是登顶。谁都想登顶,却往往在起步时困难重重,不肯迈开脚步。

许多时候,拖延者都是这样的:报考了职业资格证考试,明明要看书,但一想到要读、要背、要画重点、要做笔记这些费脑的事就头痛,对自己说:"我先看会儿小说吧,等调整好情绪再开始。"结果看着看着,时间就过去了。

计划好了每天要运动,一想到出门要换运动装、运动鞋,回来还得洗澡,路上来来回回得花不少时间,想想太麻烦,还是先在沙发上窝一下吧,结果一窝就是半天。

想写一篇文章,想到要专心致志去做一件事,真累,先来玩次王者荣耀。游戏那样精彩,开始了怎么还能停得下来?

第四章
立即行动：不给拖延任何机会

明明有事要做，一想到那些困难，就先……结果一拖，就没有了开始。

谁都知道，开始是成功的一半，不开始永远没有成功，却往往在一半的成功前踟蹰不前。选择拖延的人，并不愉快，在拖延过程中，心里总像搁着事，整个人无法完全放松下来。因为拖延习惯，总有做不完的事，看着没完没了的任务，心情恶劣。在坏情绪的影响下，想要好好工作就更难了，经过恶性循环，最终成了"拖延症晚期"。

每个拖延者其实都被拖延困扰着，他们不想改吗？并非如此，如果问他们，他们必定说："想改啊，只是没办法。"

谁说没办法？有，只要动起来，拖延行为就改变了一半。出现拖延现象，主要是没有开始。在没开始前，想象一大堆困难，越想越害怕，越想越不想做。只要开始做，把连贯的任务，一步步化解成简单的指令，大脑就不会提出抗议。

比如运动，怕出门换运动服麻烦，一拖再拖。没关系，我们就在家里，开始做个简单的深蹲动作。做了一个深蹲，会接下去做第二个、第三个……既然已经在动了，就干脆铺开瑜伽垫，做一整套瑜伽锻炼吧。

解决拖延开始困难症，最重要的是简化任务，逐个解决，让拖延症没有机会出场。首先是让大脑给身体做出一个简单的指令，身体在接受一系列简单指令后，意想不到就完成了整件想要完成的任务。相反，如果把任务堆积起来，越来越臃肿麻烦，很难理清头绪时，拖延症自然就要发作。

避免成为语言的巨人，行动的矮子

目标再伟大，计划再周全，如果拖延着不去执行，一切都是零。罗杰·冯·欧克曾经说过："一个得不到执行的念头只会消亡。"也就是说，一个目标有了计划后，如果在一段时间内拖着不去实施，目标就会消失。

有个戈森定律，也称为边际效用递减法则，它的意思是，同样的事做的次数越多，带给人们的满足感越少。也就是说，当一个计划在内心储存很久，如果不立即付诸行动，随着时间的流逝，想做的冲动会越来越淡，直到最后不想再做。就像当一个行为成为习惯后，我们就失去了当初高涨的情绪，到最后索然无味，甚至会产生讨厌的情绪，直到最后失去动力，再没有行动。

目标决定方向，行动决定结果，没有行动，也就没有成功，最大的计划都不如小小的行动。拖延者往往都是行动的矮子，想要改变拖延，就不能让自己成为语言的巨人，行动的矮子。那么，该如何去做呢？

1. 制定准确的目标

选择比努力更重要，很多时候一件事情没有成功，并不是缺乏行动，而是制定的目标出现错误，目标错误就到达不了想要的远方。大家最熟悉的故事就是《南辕北辙》，方向错了，不立即停止行动，就是无谓的拖延。所以，在制定目标时，要避免以下几点：

（1）目标过大，超过能力。有些人好高骛远，制定的目标过于高大，远远超过自己的实际能力，这样的目标不管多么伟大，都很难实现。比如一个人目前年薪是十万元，希望找一家年薪能达到100万元的单位，这种可能性很难实现。当制定的目标超过实际能力，没有办法实现时，就会对自己失去信心。当目标无法实现时，所有行为都是拖延。目标要高远，但是要切合实际，要具有可行性和可拆解性。

（2）周期过长，没有成就感。有些目标需要通过很长时间才能实现，比如创业，不可能在短期内获得效果。很多时候，当看不到希望时，会对目标失去信心，也就失去了行动的激情，拖延也就顺理成章地出现了。这时，要学会分解目标，把大目标分解成一个个小目标，当小目标顺利完成时，内心会获得成就感。同时，当看不到希望想要放弃时，可以在纸上写下这个目标能带来的好处，想象成功后的享受，这能给自己坚持的动力。

（3）目标以自我为主。如果目标太个人主义，就容易产生倦怠心理。一个很有意思的观点说："你之所以不断拖延，是因为你的目标太LOW。"如果一个观点不涉及众生，提不起别人的兴趣，得不到太多人的赞同，最后会连自己都失去兴趣。

2. 制订极简主义的计划

极简主义计划就是要明白什么是自己急需的，什么是自己需要的，什么是可有可无的。清楚这些概念后，可以减少很多拖延环节，把全部精力和时间投入到列为急需的计划中，这样有助于行动力。比如想拥有小蛮腰，可以把目标做这样的极简计划：一下子开始每天做50个，或许很会有成效，但是实现起来很难。所以可以先让自己每天做一个、两个、三个……大脑接触到的困难越少，抵触心理会越小，对行动造成的阻力也越微弱。等养成习惯后，实行起来就容易多了。重要的是要让自己行动起来，而不是一定要做到如何标准，有行动才有结果。

3. 行动与实施

有计划没行动的人，大多是自控力不足。有了计划后，拖延者明知道该怎么做，就是不想行动。但是行动是达到目标进展的唯一办法，没有行动，一切都是空谈。行动力迟缓有以下几个原因：

（1）不懂时间管理。才华和时间是一个人一生拥有的最重要的财富。两者间正常情况下互为反比例：时间越来越少，才华越来越多，也就是说才华是用时间换来的。如果时间过去了，才华没有增加，那就是浪费了时间。所有成功的人，都懂得合理支配时间，用20%的时间去做80%的事。反之，那些喜欢拖延的人，是不懂时间管理的人，是在白白浪费时间。

（2）注意力分散。专心做事能创造惊人的效果，而注意力分散就很难有成效，一个做事不专心的人，就是在拖延。想要不拖延，就必须要集中注意力做事。集中注意力的工作方法，除了番茄工作法，还有温言创造的"15分钟工作法"。把一个小时分成四份，也就是一个间隔15分钟，在间隔开始的时候，可以自由选择，不管选择工作还是休息，但是必须要做够15分钟，然后再做选择。"15分钟工作法"比番茄工作法时间更短，它的优点是让人少些压力，切换成本小，效率更高。

（3）时间太充足。当留给目标任务的时间太充足时，人们往往会选择推后行动，反而造成拖延。为了避免这种拖延，给自己预设截止日期，把自己逼入工作状态。虽然20%的高效工作能够完成100%的工作任务，但是最终效果还是有差别的。提前完成工作的情况，是给自己留有修改和改善任务的时间。

（4）看不到希望。一些长期目标，一下子很难看到成效，常常容易让人失去行动力。那些成功的人较大的优点是懂得坚持，在坚持的路上，有两个时间节点的阻力特别大：一是行动前的阻力，开始做一件事，就是开始一个新的习惯；二是目标任务在遇到瓶颈时，行动力会遇到极大的阻力。这时就要看小任务的完成情况，哪怕只有一点点的成果，也要奖励自己，让自己时刻保持兴奋度和成就感。

目标决定方向，行动决定结果，有了目标就要立刻行动。找到准确的行动方案，自身又有渴望成功的愿望，加上坚定的意志力，把行动变成习惯，就能让自己从"语言的巨人，行动的矮子"成功逆袭为"语言的矮子，行动的巨人"。

责任加行动，双管齐下战拖延

责任心是每个人应该具备的基本素养，一个有责任心的人，才能把事情做好。同样，在团队中，一个有责任心的队员，会把团队的利益看成自己的利益，会把团队的目标看成自己的目标，能够意识到自己在团队中的责任，从而更好地对待工作。热情的基点是责任心，如果没有热情，做事就喜欢拖延。一个人有没有责任心，直接影响到事业的成功和家庭的幸福，同样，一个人有没有责任心，直接关系到行动力。

拖延心理分析课：
如何除掉阻碍你行动的顽疾

在现代社会快节奏的生活中，每天都有可能出现不同的机遇，同时也带来不同的挑战。当机遇和挑战并存时，有责任感的人会优先得到机遇，加上果断的行动力，就能在一群人中脱颖而出。

潘莉和伊菲在一家单位做包装工，两人做同样的活，工资不按产量计算，按月计算。所以每天多做一点或少做一点，工资都一样。

工作时，潘莉总是懒懒散散，她常常对伊菲说："反正多做少做都一样，我们慢慢做，也轻松一点。"伊菲笑笑说："多做也是八个小时，少做也是八个小时，每天来单位都是同样时间，不做也是浪费时间。"一边回答一边只顾干活。

一天下来，伊菲的产量远远超过潘莉。看到数量悬殊的包装产量，潘莉对伊菲说："伊菲，反正产量多少，工资都一样，把你做好的活给我一些，记在我名下，好不好？"伊菲也无所谓，同意潘莉这么做。

虽然潘莉每天把伊菲的一些产量记录在自己名下，但是每天总数没有伊菲多。几个月下来，两人产量报告上的数据差距还是很明显。

一天即将下班时，因为产品临时要发货，领导和她俩一起包装。有领导在旁边，爱好表现的潘莉不但不偷懒，而且干活特别有积极性。因为她上班时间偷懒，保存了体力，几个小时加班做的活，竟然超过了伊菲。而平时认真负责的伊菲，因为忙碌了一天，到加班时感觉累，反而速度没有平时快。

领导觉得很纳闷，暗暗揣测："如果潘莉工作效率比伊菲高，那么她每月的总产量应该比伊菲高。如果伊菲工作效率比潘莉高，那么她这几个小时为什么干不过潘莉？"

第四章
立即行动：不给拖延任何机会

有了这个疑问后，第二天开始，领导特别留意起她俩，几天下来，就发现了其中的猫腻。潘莉这种故意拖延行为，让领导很生气。一个不负责任的员工，只看重自己的利益，不会看重集体的利益。领导决定改变工资制度，以后按件计酬。果然，两人的总产量比以前多了很多。

几个月后，包装组因生产需要，扩招了几名新员工，成立了包装小组，需要在老员工潘莉和伊菲间选一名组长，领导想都没想，就直接提拔了伊菲。

责任心能够推动执行力，一个没有责任心的人，对工作总是抱着无所谓的态度，不负责任的工作态度，不但影响工作质量，还会影响工作进度。很多拖延，是因为当事人没有责任感，如果一个人知道自己的责任所在，做事时多为他人考虑，就能避免很多无谓的拖延。

工作中，常能听到这样的话："管他，反正这事与我无关。""做与不做，反正没有好处，先放着再说。""做了领导也看不见，不管，拖着吧。"……很多人只看重眼前利益，得不到眼前利益就不愿多劳动。

其实，一个真正有责任心的人，不但对他人负责，还对自己负责。不浪费时间，认真去做，一时体现不出当下的价值，时间久了，很多价值会体现出来。没有责任心的人，总觉得多做一点就是委屈自己，其实，一个员工如果做了，领导不一定能看见，如果没做，领导一定会看见。而未来所有的好运，都是平时的认真负责。

一个有责任心的人，做事之前会想到后果，做事过程中会尽量控制好事情的发展方向。事情结束后，如果发现问题，不会拖延逃避，敢于承担责任。一个敢于承担责任的人，表现出他自信、果断、光明磊落的性格特征，这些优秀品质正是吸引人的品质。

责任心和执行力是相辅相成的，责任心是提高执行力的基础和前提，没有责任心，也就无法谈执行力，强烈的责任心才能促使完美的执行力，在强大的执行力面前，拖延根本没有机会登场。

责任心决定执行力，执行力决定一个人的成事能力。承担责任，许多时候并不是为了自己，而是为了他人和团队。一个喜欢拖延的人，他的工作不但影响自身发展，还时常会影响团队发展，这是没有责任的表现。成年人的世界里没有"容易"两字，不管何时何地，都要承担起应有的责任，这样才能提高执行力，避免拖延症。

从最简单的工作开始

一个自认为喜欢拖延、没有高效工作能力的人，真的是因为拖延而导致没有工作效率吗？一个他人眼里游手好闲的人，在做什么事都拖延的情况下，却一支接着一支吸烟。对他来说，抽烟时的效率很高。一个学习上始终拖延的人，打起游戏来，却废寝忘食，如果把打游戏的效率，用到学习上，说不定北大、清华都能考上。一个洗衣盆里的衣服已经浸泡了三天三夜的中年妇女，正和别人唾沫飞溅地聊着天。她聊天时的效率，相当强悍。

很多自认为拖延的人，只是在某些事上习惯拖延，却不是什么事都拖延。一个懒得动都不想动的人，饿极时，一见食物，立刻大口大口吃起来，他自认为的拖延症，转眼飞得无影无踪。

第四章
立即行动：不给拖延任何机会

许多时候，之所以拖延，是因为觉得需要做的事太多太难，感觉做不完，又做不好，做了也不一定有收获。于是没有激情，拖拖拉拉，抱着无所谓的态度。

拖延不能解决问题，如果常常如此，就会养成拖延的习惯。如果一旦被拖延拉入泥潭，结果是越拖越懒，越懒越拖，最后深陷拖延的泥潭难以脱身。一个想要成功的人，绝不能和拖延成为朋友，不给拖延机会的最好办法，就是从最简单的事情下手，立即做起。人的行为和思想都是惯性的，当开始行动后，慢慢会形成喜欢行动的习惯。

肥胖的人一般除了不喜欢运动，还喜欢吃，很多人无法控制食欲。丽丽喜欢一边以"葛优瘫"的姿势赖在沙发上，一边不停地吃东西。有一天，她有了想要改变自己的想法，她对自己说："我先站起来，过五分钟再吃。"站起来是个简单的动作，过五分钟再吃也不是很难做到。

相对来说，一个人站着消耗的能量，要比躺在沙发上消耗的能量多。同时，当思想里有减肥的意识后，人的行为就会跟着思想走。丽丽的想法是，自己很喜欢吃，如果每次都能推迟五分钟吃，一天中，摄入的能量也就会减少很多。

丽丽平时讨厌出门跑步，也讨厌去健身房。现在，她趁着等待的五分钟，伸伸手，踢踢腿，随便运动运动。当手脚开始简单地做动作后，紧接着，幅度自然会加大，肩膀和腰肢也开始扭动起来。做了三分钟，还剩两分钟，好，接着做几个深蹲，一、二、三……这好像并不难。五分钟到了，开吃，也当是奖励自己第一次完成计划。

拖延心理分析课：
如何除掉阻碍你行动的顽疾

坚持几天后，丽丽觉得把站着等吃的过程，从五分钟延长到十分钟。这十分钟同样还是伸伸手、扭扭腰、踢踢腿、做几个深蹲。就这样，吃的次数少了，锻炼的时间长了。坚持一些时日后，再把等吃的时间加长。开始的时候，丽丽并不是很习惯，她知道是因为自己意志力薄弱。其实所有拖延的人，几乎都是意志力薄弱的人。坚持一段时间后，习惯也就成自然了。

比如想练字，可以先让自己每天练习20个字；看书，可以让自己每天看两三页；背英语单词，可以选择每天背五个，甚至更少；晨跑，可以先跑1000米，甚至可以是500米……只要能够让你马上行动起来的动作，再小都可以算作是目标。

简单的动作容易做到，当有意识地去做，并且做到时，会很有成就感。同时，可以加以想象达成目标后的蓝图，来诱惑自己的行动力。比如减肥成功后，苗条的身上穿着长裙，在街上走成一道风景，赢得很高的回头率，这样美妙的设想会减少产生拖延行为。

之所以要选择从简单的事情开始做，一是因为简单的事容易做到，不需要太强的执行力；二是不需要消耗意志力就能完成；三是多次顺利完成任务，能增加自信心；四是成就感能激发积极向上的好心态。

开始行动，就会发现，只要稍稍努力，很多事其实并没有想象中那样困难。当目标和正向反馈有了联系，品尝到成功的喜悦后，战拖的信心自然就强大了。努力培养自己成为一个自燃型的人，只有随时都能立即行动的人，才能最终摘取成功之顶的那顶桂冠。

第四章
立即行动：不给拖延任何机会

一页笔记战拖法

很多拖延者之所以拖延，是因为不知道用什么办法来改变拖延陋习。一是总觉得自己根深蒂固的拖延症没救了；二是怕战拖的方法过于烦琐和冗长，没有信心去战胜，于是在拖延的痛苦中沉浮。其实有一个简单、快捷的战拖方法，它叫"三分钟笔记法"，或者"一页笔记战拖法"，只要准备一个本子和一支笔。这个方法是通过写行动日记的步骤，让自己知道要做什么，然后动起来，以此战胜拖延。

第一步：

首先，拿出准备好的笔记本，在记录页面上的横、竖中点部分，分别画一条直线，写出一个"十"字，把这张纸分成四等份。

其次，在左上方的格子里写上记录日期，再写下昨天发生在身上特别有意义、印象深刻、值得感动和感恩这些具有正能量的事。

最后，在右上方格子的相应位置，写上对这些事的评价、感想和感恩的心情文字。

比如："下班回家，邻居已经帮我从小区门卫那里拿回快递，有这样的邻居真好。""下班时，坐同事的车回家，我生活在一个温暖的集体中。""一项挺难的工作今天终于完成了，我真棒！""楼下有一家24小时营业的小卖部，这个城市真温暖。"……很多事情，虽然看起来平淡无奇，如果用文字的方法记录下来，并写上感激的话，就会变成一件很有意义的事。持续记录一段时间后，会发现自己充满正能量，看待问题时，会开始用积极的方法去思考。当一个人具有积极乐观的好心态时，做任何事都会相对容易。

第二步：

在左下方的格子中，写上今天要完成的目标任务，不管目标大小，都要写上去。

第三步：

在右下方格子的相应部分，对照目标，根据每个目标写上几个十秒钟行动。之所以是十秒钟行动，是把目标分成最小的单元，可以快速简单地入手。

比如，目标是要"开开心心地出门"，相应的十秒钟行动就是"对着镜子笑笑"，或者自己"莫名其妙地大笑"；如果目标是"我今天一定要拜访15个客户"，十秒钟行动就是"写出15个客户的名字和联系电话"；如果今天的目标是"完成一篇文章"，十秒钟行动就是"写出几个关于这篇文章的关键词"。

十秒钟行动的目的是能够快速完成的，这样的好处是，如果按照这个方法去行动，能够很顺利地工作下去，说明找到的方法是准确的；如果无法顺利进行下去，就切换到其他行动上。因为只有十秒钟，切换快，浪费时间少。每完成一项，就在旁边打钩。

虽然只有十秒钟，对一个任务来说，或许只是一点点进展，但是如果方向对了，对整件事来说，却是起着很大的作用。每个小小的行动，都在推动任务的进展，尽管进展看似不大，当把很多个十秒钟累积起来时，就是朝着目标迈了一大步。

"一页笔记战拖法"就像一面镜子，记录的事情反映出每天生活和工作的真实状态和心情，等于是在帮自己重新整理思绪，总结日常经验。这看起来很简单，却会产生很大的帮助。

写笔记的时间最好有固定时间段，比如每天早上几点钟，或者晚上临睡前。在行动过程中，如果有了更好的想法，或者有了新的目标，都要随手记上去。

每天晚上临睡前，再翻看一下笔记本，当看到早上写的目标，全被打上了钩，试想，这会是怎样一种心情？会产生怎样一种成就感？从记录中，当发现自己的每一个今天，都是人生中最棒的一天，又会如何想？

"一页笔记战拖法"就是这样简单：一个笔记本，用三分钟时间记录要完成的事，用十秒钟列出各种行动计划。动起来，你就赢了。开始时，当坚持做了一周笔记时，就给自己一份小小的奖励，让自己有信心继续下去。或者在一周后面写个总结，表扬表扬自己，让自己更有信心。

生活需要"熬"和"拼"，有时候熬过去就赢了，有时候熬过低谷，还要再拼一把，才能把握更好的人生。拖延是"熬"，而"一页笔记"和"十秒行动"就是拼。"熬"过拖延，效率就被"拼"出来了。

成功者必是立即行动者

没有行动的梦想就是妄想，所有成功者几乎都是立即行动者。他们从不为困难找借口，也不因自身的情绪问题而选择拖延或逃避工作任务。不拖延，有超强的执行力，就能胜过一切看似比自己厉害的对手。

在一次内部分享会上,老总说:"当你发现一个特别棒的点子时,不要认为你是天才,与你有同样想法的人,一定有很多,唯一能够让你脱颖而出的不是你的想法,而是行动。"

在座的一个员工提出异议,说:"如果我想到的点子,百度、阿里巴巴、腾讯都想到了,凭他们的实力和资源,我们能胜过他们吗?"

老总说:"只要不拖延,有超强的执行力,就能干过他们。BAT虽然具有强大的实力,但是他们并不是什么行业都能做到第一。比如外卖超不过美团、饿了么,小黄车和摩拜抢占了共享单车的先机。任何一家企业的创始人,在创业初期,都不明确企业发展的道路,只是觉得行,就不犹豫,立即开始行动。一路上快速行动、快速摸索,哪怕失败,就快速总结经验,直到最后找到一条准确的路。"

确实,等头脑中倏然出现一个点子,觉得有40%希望时,就不要拖延,可以立即行动。当认为有70%希望时,别人已经开始行动。在决定做一件事时,必须要快速行动,迅速试错,在错误中累积经验,才有机会走在别人面前。

在这瞬息万变的快节奏社会中,机遇随时会出现,当机会出现时,不要犹豫,不要拖延,更不要找各种理由去回避,一定要立即行动,行动才是成功的起点。那些平庸的人,最大的本领就是为自己找借口,最典型的借口有:"这是个机会,但我没兴趣""我以前没做过,不能去冒险""没必要这样做,平平淡淡才是真""再看看""再等等"……当机会出现时,不是立即行动,而是用各种借口拖延,最后只能看着良机在面前白白流失。

第四章
立即行动：不给拖延任何机会

等时过境迁，别人看准机会成功时，那些平庸的人又会说："如果我当初行动就好了""这确实是个好机会，可惜我没有好好把握""如果我做了，哪里还有他的机会"……

不管计划多么好，不管事后多么后悔，如果机会出现时，不肯立即行动，一切都是空谈。不论是工作中还是生活上，想要立即行动，就要避开上面几种典型的借口，不管是喜欢还是不喜欢，值得还是不值得，最终阻碍我们行动的是"担心自己做不好""怕被别人耻笑""不知道如何开始"，当思想被这些负面因素占据时，也就失去了行动力。

任正非曾经说："在华为我最不要脸，所以我进步最快。"这是因为他对很多事都抱着好奇心，愿意去尝试，不耻下问，第一时间想要问明白为什么，而不是拖拖拉拉。很多对新事物不敢尝试的人，是因为追求完美，太在意别人的眼光，怕自己的决定是错误的，害怕出丑，被人耻笑。其实大部分成功人士，都经历过各种创业尝试，最后才找到一项合适的事业。

有个大学生，在校担任很多职务，她的学业成绩很好，许多爱好也有不错的成绩。比如摄影、画画、排球，很难想到一个人，能同时把几项互不关联的事做得那么出色。后来通过了解，发现她有一种"内部性"思维，就是做任何事，都只关心自己有没有兴趣，对自己有没有好处，想做就去做，绝不拖延。做的过程中，发现有些事不想再继续，就积累经验，而那些坚持在做的事，总是很优秀。

相对于那些特别注重"外部性"思维的人来说，她并不是本身特别优秀，而是行动力强，敢于尝试，在尝试过程中，留下自己喜欢的和擅长的，将注意力放在这些事上，做起来就特别有兴趣，也就更有行动力。

想要提高行动力，可以采用现在最流行的创业方法——"尝试最小可行性产品"。采用这个方法的前提是：

第一，不知道市场反应；第二，不强求拿出完美产品。因为它是在不确定市场的情况下，先做出最小可行性产品，再投放到市场上，看市场反应。如果效果好，就加快速度继续尝试，如果不行，就放弃。

想要提高行动力，可以通过以下几个方法：

1. 换个视角看今天的自己

在调查老年人"一生最后悔的是什么"的答案中，排列第一名的是：72%的老人后悔年轻时努力不够，以致一事无成。当今天想偷懒时，试着想象未来的一天，是希望自己如何度过今天？我相信，未来的每个人，肯定希望今天的自己能做有意义的事，为了不让那一天后悔，那就开始行动吧。

2. 搞清楚自己的最终目标是什么

做任何事肯定有目标，最终目标肯定是让自己过得更开心更有意义。比如洗衣服，直接的目的是把衣服洗干净，最终目的是穿上干净的衣服，让自己心情愉快。

3. 拥有钝感力

"钝感力"一词是日本作家渡边淳一提出的，它的意思直译为"迟钝的力量"。就是当生活中出现挫折和伤痛时，能够从容面对，勇敢地继续朝前走。虽然偶尔会给人木讷和迟钝的负面印象，作者认为却是一种"赢得美好生活的手段和智慧"。钝感力需要具备以下五点：

①能够立即忘记不快乐的事；

②认准目标坚定不移地前进，哪怕面对失败；

③不怕他人嘲笑和耻笑，只做自己的事；

④哪怕你嫉妒我，我还是感谢你；

⑤不骄不躁，即使表扬，不得意忘形。

根据行动力划分，人可分为三类：

第一类自燃型。几乎所有成功人士都是这一类人，他们自己要求进步和成长，在生活和工作中，不拖延，不害怕，敢于尝试，勇于进取，积极行动。

第二类可燃型。这类人在他人带领和领导下，行动潜能能够被激发。

第三类阻燃型。这类人就是撞钟的和尚，得过且过，他们只是在混日子，无所谓成功不成功，从来不打算努力进取。

为了不在年老的时候，后悔自己碌碌无为的一生，努力让自己成为一个自燃型的人：做事不拖延，有进取心，敢于拼搏，敢于承担责任，朝着梦想一路奔波。

第五章
时间管理：把每一秒钟充分利用起来

　　一定要把重要和紧急的工作列出来，给所有工作排列优先顺序。选取一天中最重要的三件事，优先完成这三项任务。当你用这样的方法去管理时间，你会发现，你用20%的时间，完成了80%的工作量。拒绝拖延，你的时间得到最大利益化。

拖延者必须学会时间管理

"一寸光阴一寸金，寸金难买寸光阴。"这是古人常告诫我们要珍惜时间的警言。孔老夫子也曾怅然长叹："逝者如斯夫，不舍昼夜！"事实上，中国人是世界上最早认识时间管理的重要性的。

然而，对于那些拖延者而言，他们之所以做事拖拉，主要原因之一是没有明确的时间观念。也有一些拖延者，他们总说自己很忙，忙得不可开交。这些自称忙的人，又是如何成为拖延者的呢？这是因为他们没有时间意识，不懂时间管理。"磨刀不误砍柴工"，没有时间意识的人，只会在那些毫无头绪的事情上拖延时间。

从前，有一位富翁，买了一幢豪华的别墅。自打他搬进新家的第一天起，就发现，总有个陌生人从他的花园里搬走一只箱子，然后装到卡车上拉走，他还来不及拦住，对方就已经开车走了。但车开得很慢，他边追边喊，最后，卡车停在了城郊的峡谷旁。

陌生人把箱子卸下来扔进了山谷。富豪下车后，发现山谷里已经堆满了箱子，规格式样都差不多。他走过去问："刚才我看见你从我家扛走一只箱子，箱子里装的是什么？这一堆箱子又是干什么用的？"

那人打量了他一番，微微一笑说："你家还有许多箱子要运走，你不知道？这些箱子都是你虚度的日子。"

第五章
时间管理：把每一秒钟充分利用起来

"什么日子？"

"你虚度的日子。"

"我虚度的日子？"

"对。你白白浪费的时光、虚度的年华。你朝夕盼望美好的时光，但美好时光到来后，你又干了些什么呢？你过来瞧，它们个个完美无缺，根本没有用，不过现在……"

富豪走过来，顺手打开了一个箱子。

箱子里有一条暮秋时节的道路，他的未婚妻踏着落叶慢慢走着。

他打开第二个箱子，里面是一间病房，他的弟弟躺在病床上等他回去。

他打开第三只箱子，原来是他那所老房子。他那条忠实的狗卧在栅栏门口眼巴巴地望着门外，等了他两年，已经饿得骨瘦如柴。

富豪感到心口绞疼起来。陌生人像审判官一样，一动不动地站在一旁。富豪痛苦地说："先生，请您让我取回这三只箱子，我求求您。我有钱，您要多少都行。"

陌生人摇了摇头，然后说："太迟了，已经无法挽回。"说罢，那人和箱子一起消失了。

这个寓言故事告诉我们：时间是无法留住的，它会在不经意间溜走。那些总想把事情拖延到明天做的人，很可能再没有机会做。

有人曾说："今天为一分钟而笑的人，明天将为一秒钟而哭。"任何人都要懂得时间管理，尤其是拖延者，更要学会时间管理。

海尔总裁张瑞敏推行一种被命名为"OEC"的管理方法。"OEC"管理法的含义就是当天的事情必须当天完成，不可拖延，这样才能有所提高。"OEC"管理法由三个体系构成：目标体系、日清体系、激励机制。首先确立目标；日清是完成目标的基础工作；日清的结果必须与正负激励挂钩才有效。

实际上，拖延并非人的本性，它是一种恶习，一种可以得到改善的坏习惯。这个坏习惯，并不能使问题消失或者使解决问题变得容易起来，而是只会制造问题，只会让问题越来越麻烦，给工作带来严重危害。成功者从不拖延，他们对工作的态度是立即执行，所以容易把握住成功的机会。其实，他们中的大多数人，只是发挥了本身潜在能力的极少部分。当了解了成功的秘诀后，拖延者为什么还要逃避现实，还要忍受拖延造成的痛苦呢？

拖延者应该认识到时间管理的重要性，并在工作和日常生活中，有意识地学习时间管理。关于时间管理，可以从以下两方面先开始做：

1. 以较小的时间单位办事

这样有利于充分安排和利用每一小段时间，一次节约的时间和精力或许不多，但长期积累，可节约大量的时间。许多科学家、企业家、政治家办事常以小时、分钟或以天为时间单位。这些成功人士认为，这是他们成功的诀窍。

2. 多限时

人的心理很微妙，一旦知道时间很充足，注意力就会下降，效率也会跟着降低；一旦知道必须在规定时间里完成某事，就会自觉努力，使得效率大大提高。所以，充分发挥自己的潜力，在办事或学习的时候，多给自己限时的机会。

第五章
时间管理：把每一秒钟充分利用起来

懂得了时间管理，也就懂得了计划人生，想要把人生经营好，就要学会珍惜时间。做事不拖延，按计划目标努力，是经营好人生的开始。

一天34枚金币，懂得时间的宝贵

好像才刚刚过完年，一晃又到了年底；好像才起床，没干什么事，一晃一天又要过去了……总感觉时间过得太快，好像在看不见的地方，潜伏着一位偷时间的神偷。可是，时间是最公平的，每个人一天都是24小时。同样的时间，有的人把家庭和事业都经营得很好，有的人却总是顾此失彼，更有甚者什么事都做不好。说白了，能够经营好家庭和事业的人，是懂得时间管理的人，他们能把时间合理地分配到事业和家庭中。而不懂时间管理的人，要么一生忙忙碌碌，没忙出过名堂来，要么不珍惜时间，在无所事事中，浪费了大把时间。

善于理财的人，都会有一个记账本，清清楚楚地记着每一笔支出，清楚地知道钱都去哪儿了。同样，这个方法可以用来记录时间。当看着时间一天天过去，却发现自己什么都没做时，常常会问自己："时间都去哪儿了？"有了时间记录本后，就会知道时间都去哪儿了。看着被浪费的时间，会唤起自己对时间的重视，会开始重新思考人生的安排和计划。

有一个时间管理法，叫"34枚金币"时间管理法。时间是抽象的，宝贵的；金币是具体的，贵重的。把抽象的时间具象化成金币，时间就成了看得见、摸得着的事物。

拖延心理分析课：
如何除掉阻碍你行动的顽疾

所谓"34枚"金币，是指把一天分成34个等分时间：假设每天早上7点起床，晚上24点睡觉，一天一共有17个小时处于清醒状态，每半个小时假设为一枚金币，一天就是34枚金币。为什么要假设半小时为一枚金币呢？因为大部分人，在完成一个阶段工作所需的时间，差不多为半小时。如果有的工作时间持续时间比较长，比如在三小时以上，大概需要半小时的时间准备，才能进入工作状态。

这34枚金币是假设，不是固定值，根据每个人的不同情况，金币数字会有相应改变。比如一个人8点起床，24点睡觉，一天清醒时间为16个小时，核算成金币数为32枚；同样，如果9点起床，24点睡觉，一天的金币数就是30枚。

如何去管理这"34枚金币"呢？应该把每天的时间分为五大类，并标上不同的颜色：

（1）高效工作时间——黄色：高效地工作、看书、学习等，一天中能产生价值的时间，归纳到这一类。

（2）娱乐交际时间——蓝色：没有负罪感地玩耍、旅游、聚会、聊天等。

（3）放松休息时间——绿色：用餐、睡觉等这些用于自我放松的时间。

（4）强迫工作时间——橙色：不得不开会，不得不参加的活动，所有那些必须要完成却感觉意义不大的事，都可以归纳到强迫工作时间中。

（5）无效拖延时间——红色：很多时候，明明知道手头有很多工作需要完成，却总是拖着不做，睡懒觉、刷微博、浏览网页、煲电话

第五章
时间管理：把每一秒钟充分利用起来

粥等都涂上红色。这些行为扼杀了很多时间，刚开始做时间记录的人，会发现这块时间占用比较多。

刚开始记录时间时，会发现有些时间不知道归纳到哪类时间中。比如做家务、上下班路上时间、洗漱过程等。

这些时间，可以根据具体情况，划分到以上其中一类。比如上下班路上，感觉轻松愉快，可以归纳到"放松休息"；感觉是一件痛苦的事，就归纳到"强迫工作"。如果利用上下班路上，和人沟通交流工作情况，或者在看书学习，可以归纳到"高效工作"。同一个时间段所做的事情，根据个人当时情况，划分到相应一类中。

像洗漱，一般没有负担，可以归纳到"放松休息"中，而做家务对很多人来说，意义完全不同，可以是"放松休息"，也可以是"高效工作"，还有时可能属于"无效拖延"，这就仁者见仁智者见智了。

如果一个人的"34枚金币"时间，一天记录下来，持续一段时间，发现很多时候都归纳在"强迫工作"一类中，就要引起注意。如果工作这样累，就要分析原因：是因为自己能力不够呢，还是因为工作量确实太大，或者还是因为其他原因。当然，很有可能是自己心态问题，工作心态不好的人，对什么事都提不起兴趣，那么做什么事都会感觉累。

如果"无效拖延"类占用了很多时间，就要考虑是不是有严重的拖延症。老是有拖延行为的人，从短期来看，影响升职加薪，从长远来看，将会影响自己的一生。

记录"34枚金币"时间管理法，刚开始时没有形成习惯，可能认为需要比较多的时间。等记录熟练后，几分钟就够了，基本不会超过十分钟。很多人担心一天做的事情太多，到了临睡前，会忘了白天做的事。这个不用担心，如果是"高效工作"时间段，或者玩得很开心的这个时间段，都会印象深刻，是不太可能会忘记的。会忘记的时间段，基本是过得没有意义的，这个时间段就归纳到"无效拖延"中去。

每天临睡前坚持统计，形成良好的习惯。每星期统计分析各部分占用时间的比重，以此来总结自己对时间是不是进行了有效利用。

34枚金币时间管理表格，可以自己画，也可以网上下载，如果用手机APP来记录，更能多平台同步，还可以自动生成图表分析，直接省了填色分析时间。

这个方法很适合拖延症患者，很多决心抵抗"拖癌"的人，把34个金币时间管理表格，设置成手机或电脑桌面，时刻提醒自己时间的宝贵。持续一段时间后，记录成了习惯，看到"无效拖延"这一栏红色太多后，会引起重视。通过日常管理，"无效拖延"一栏的红色会逐日下降，战拖成功已是指日可待。

工作分轻重缓急，四象限法则时间管理

著名管理学家科维提出一个时间管理理论，把工作按照重要和紧急两个不同角度进行划分，基本可以分成四个"象限"。

第一象限是紧急又重要的事情。

此类事情会影响群体利益，比如人事危机、财务危机、应付难缠的客户、有截止期限的任务等。

第二象限是重要但不紧急的事情。

此类事情是领导很重视或对自身很重要的事情。比如人员上岗培训、制定新的防范措施、长期规划、参加培训、向上级提出处理问题的建议等。

第三象限是紧急但不重要的事情。

此类事情看似属于第一象限，但是这类事情相对来说，是对于他人而言，对自己并不一定重要。比如电话铃声、突然来访的客人、主管部门会议、行政检查等。

第四象限是既不紧急也不重要。

比如个人爱好、闲谈、发呆、无聊的信件等，很多时间往往消耗在这个象限里。

如果能应用好四象限法则的时间管理，就能避免因拖延而造成的工作效率低下。如何才能合理运用四象限法则时间管理呢？

1. 管理计划

计划按时间分，可分为日计划、周计划、月计划、季度计划、半年度计划、年度计划。

首先，每天在固定时间列待办单，最好是上午刚到单位就开始做。将每日要做的事列出一张清单，按照优先顺序排列，紧急又重要的事情，标上醒目的标记，并且确认每件事需要完成的时间。尽可能做到日事日毕，做完一件打上钩。待办单上的内容记录要全面，包括非日常工作、昨天未完成的工作及特殊事情。

在制定待办单时要注意一点，随时有可能出现紧急情况，要为应付紧急事情而留出一定余地。待办单要每天坚持写，形成良好的习惯,这样才能有效管理时间,才能避免出现无效拖延。

2. 根据"四象限法则"处理事情

第一象限的事情立即去做,第二象限的事情一有空余时间就做,第三象限的事情有选择性地做,第四象限的事情,只是在消耗时间。不是完全不做,而是尽量减少时间做,并有选择性地做,以不影响工作为主。

为什么要进行时间管理?目的是杜绝无效拖延,提高工作效率,让时间增值,做更多有意义的事。重要而又不紧急的事情,往往对自身或周围的人,关系重大,这个象限的工作,要投入主要精力和时间去做,这样能够防患于未然。因为第二象限的工作不是紧急的,一不小心容易被忽视,时间管理就显得很重要。

3. 考虑不确定性

很多时候,计划没有变化快,日常生活和工作中,常有突发事情发生。在时间管理中,一定要考虑到不确定性工作任务,为意外事件留出时间。为了能应付突发事情,在制订每个计划时,都考虑留有预备时间。其次,养成高效完成工作的能力,在受干扰的情况下,还能按时间计划完成工作。很多办事效率强的人,能把任务完成得又快又好。可以把手头的工作分成几个小任务,核算具体时间,要相信自己的能力,在前一个小任务被干扰浪费了时间时,能在后一个小任务中把时间抓回来。应付不确定性最好的办法,是在不忙的时候,尽快处理一些必然要做的事。

工作是无限的,时间是有限的,想要很好地完成工作,就要善于时间管理。不管计划怎么完善,目标怎么好,执行力如何强,如果拖着不做，所有一切都是空谈。所以，想要做出成绩，就要懂得合理安排时间。

鲁迅曾经说："时间就像海绵里的水，只要挤总是有的！"这句话说明时间是具有伸缩性的，它可以一晃而过，也可以创造很大价值，时间是成就一切的资本。

合理利用时间，尽可能让时间产生最大价值。想要让时间价值最大化，可以按照以下方法去做。

（1）规划时间，有计划地使用，有些事情可以穿插着完成。比如等水开时，可以看书；洗衣服时，选择听书。

（2）选择做任何事，都要目标明确，这样就会少走弯路。

（3）要养成记录待办事情的习惯，这样在做事的过程中，就不会丢三落四。

（4）每件事情一定要预设完成时间。

（5）把优先要办的事，放在办事效率最佳的时间段，了解自己的生物钟。

（6）做事情前，先考虑效果，再考虑效率。做好的事情比把事情做好更重要，因为效果胜于效率。

（7）紧急事情相对来说属于短期性工作，重要事情一般属于长期性工作。要有区分紧急工作和重要工作的能力，并且有必要把重要事情转化为紧急事情，这是高效工作的开始。

（8）让时间价值化，每分每秒都做高生产力的事。懂得断舍离，把一些罗列的不重要的事情，毫不犹豫地删除。

（9）世界上不存在完美，追求办事效果，不追求完美。

(10) 认真专心地完成重要的事情，对那些认为不重要的事情，果断说"不"。

(11) 每天能够拼凑出大块时间，来专心做一件事，这是时间管理中最重要的一点。

(12) 对于一件不想做的事，分解成若干个小部分，一点一点去完成，适当的拖延能进行自我心态调整。

"甘特图"时间管理法

时间是最公平的，每个人一天都是24小时，但是有的人一天能做很多事，有的人却做不了多少事。常常听到周围的人说："时间怎么过得这样快，我没干什么活，就一天过去了。"因为每个人管理时间的能力不同，有些人执行力强，有些人做事喜欢拖拉，所以同样的时间，效率就完全不同。影响执行力的，除了能力和天赋以外，最重要的是时间管理。执行力强的人，都能高效管理时间，每分每秒都能得到合理利用。一种叫"甘特图"的时间管理方法，能让时间价值最大化，让拖延连插针的缝隙都找不到。

一位叫亨利·劳伦斯·甘特的美国科学管理学派创始人，发明了一个生产计划进度图，因为这是一种组织和监控项目进度的工具，被称为横道图和条状图。这个被广泛应用的图，以他的名字命名为"甘特图"。这个图例简单实用，从严格意义上来讲，它属于项目管理范畴，但是很多人把它看成是时间管理工具。

这张图在应用时，将待办项目根据时间发生的先后顺序，列出起始和终止时间,有助于制定者了解每个项目的截止日期,并能直观地看到项目的整体规划。在甘特图的表示上,很多项目在时间上存在着交叉,这是因为不同项目,很多时候可以共同进行。

比如烧饭时,可以清洁地面;装修房子的过程中,可以先开始打扫部分卫生。各项目间时间交叉,是因为很多工种间,并不一定要等一件事办完,才能再做另一件事,有时候可以同步进行。

将甘特图的原理方法,应用到个人时间管理中,具体需三步操作:

1. 首先列出每日待办的清单

在列清单时,不管时间够不够,把必须完成的事项,都要列在清单上。比如这个周末,有以下几项内容需要待办:洗漱两次、用餐三次、往返路程两次、去商场采购物品、修改计划、打扫卫生、洗衣服、阅读。

2. 将上述待办事项,按照时间先后顺序排列

洗漱——吃饭——往返路程——商场购物——往返路程——吃饭——修改计划——打扫卫生——洗衣服——吃饭——阅读——洗漱。一天时间就这样安排满了,时间划分段按半小时来划分。

3. 优化计划

在制定甘特图过程中,根据有些事情可以并列做,很多项目在时间上可以交叉重叠。比如在往返路程中,如果坐公交车,可以在手机上进行阅读和修改计划,在商场购物排队间隙,也可以阅读。

在做优化时间的时候,首先要注意精力旺盛,如果在坐公交车时想休息,就不可能进行阅读。另外,在优化时间时,要考虑可以在时间上交叉重叠的事项。

虽然更多时候，提倡做事时一次只做一件事，因为在思想专注集中的情况下，能提升工作效率。但是并不是所有的事，一定要专心致志。比如乘坐公交车时，司机需要专心致志，而乘客却没有必要；在做饭时，也不需要全程盯着电饭煲。

可以看出，不要专心致志做的，基本都是些非脑力劳动活。需要思考的事情，是无法两件事一起完成的，脑力劳动活需要专心，一心一用。比如阅读和写作、画图和思考等就无法同时进行。

在利用甘特图优化时间时，会产生以下几种状况：

1. 脑力劳动和脑力劳动之间，不可优化

任何一项脑力劳动，都需要高度集中的注意力，在时间上是无法优化的。伦敦大学曾经做过一个研究，在测试正在执行多线程工作（脑力劳动和脑力劳动的结合）的对象时，发现他们的智商与平时完全不一样，这个时候的智商，相当于他们一整晚失眠状态下的智商。

2. 非脑力劳动和非脑力劳动之间，做事效率不高

在两项非脑力劳动间，虽然提高了一些工作效率，但是没有实现时间优化最大化。比如在做饭时打扫卫生，有部分时间可以重叠，但不是所有的时间都能交叉重叠。

3. 脑力劳动和非脑力劳动间，才是一种完美优化

比如在洗手间和饭桌上贴一些英语单词，趁着洗漱时间和吃饭时间，顺便记几个单词，这是没有矛盾的优化时间。

好的方法可以一通百通，在使用过程中，能够触类旁通，就能更好地使用甘特图来管理时间。这样，可以让一天活出超过24小时的效果来。

不给自己太长时间

在战胜拖延的过程中，不给自己的工作设置太长时间，是有效的方法之一。

心理专家弗瓦尔在研究拖延症时，把写论文的研究生分成两组，一组要求他们在两年内完成，一组要求他们在三年内完成。结果发现，两年内完成论文的研究生，他们还有给自己放松和休整的时间，而那些在三年里面完成论文的研究生，几乎每分钟都在搜集资料和写作。在事实面前，他得出结论，很多时候，工作时间拖得越长，工作效率反而越低下。

帕金森常常发现很多大型组织大而无当、毫无生气，经过分析后得出结论："工作会自动地膨胀占满所有可用时间。"这就是著名的帕金森定律，这个定律告诉我们，一个机构的组织常常超过实际需要，并且个人效率低下，这是因为给了计划太多的时间。也就是说，如果一个人给自己的目标任务安排了充足的时间，反而会放慢节奏用掉所有分配的时间。

帕金森以一个老太太花一整天时间，给侄女寄一张明信片来证明自己的定律：早上起来，老太太开始找明信片，花了 1 小时；发现眼镜不见了，找眼镜 1 小时；忘了侄女的地址，翻老信件找地址，用了 0.5 小时；开始写明信片，思考如何写，反复修改，用了 1.5 小时；打算出门寄明信片，看天空阴沉沉的，犹豫着要不要带伞，用了 20

拖延心理分析课：
如何除掉阻碍你行动的顽疾

分钟。这件事对一个高效率的人来说，只要花三分钟就能完成，老太太最后用了一个上午，还累得疲惫不堪。

帕金森由此得出另一个结论："一份工作所需要的资源与工作本身并没有太大关系，一件事情被膨胀出来的重要性和复杂性，与完成这件事情花的时间成正比。"很多人错误地以为，给一件事情准备充足的时间，会把这件事完成得更好，其实并非如此，时间越多，反而会越拖延，在缺乏原动力的情况下，效率会很低。

有个小学生，成绩不好，为了提高孩子的成绩，家长决定让他只修几门重要的课程。心理学家向家长提议，应该让孩子多修几门课，而不是减少学科。家长不相信，认为是自己的孩子智力平庸，太多课程让他无法应付。在心理学家的坚持下，家长抱着试试看的心情，让孩子多修了几门课程。结果出乎家长和学生本人意料，一段时间后，多修课程后的学生，所有科目成绩不但没有下降，反而都上升了。面对家长的疑惑，心理医生告诉他们：孩子成绩低下，并不是智力原因，而是孩子需要掌握如何提高学习效率和打起自己的精神。

时间多了反而效率低下，主要有以下几种原因：

（1）懒。懒惰是人的本性，很多人的人生信条是"能躺不坐，能坐不站"，每个人都知道贪图安逸。在觉得反正来得及的情况下，能拖一会儿就拖一会儿，先享受眼前的快乐。

（2）对这件事情没有兴趣。一件能让人愉悦的事，很多人都想尽快去完成，还老是感觉时间过不去。比如一个男人去见心仪的姑娘，是怎么都不会迟到的。如果事情本身让人感觉痛苦，或者需要付出大量的时间和精力，或者完成后得不到相应的报酬，这样在潜意识里都会排斥行动，选择拖延。

（3）反正时间太多。当一件事情有了充足的时间，脑子里就会不时跳出这样的念头："反正来得及""反正早着呢""有的是时间""没必要这样急"，脑子里始终有着充足时间的概念，失去了紧迫感，于是放手去拖，结果一拖两拖，就拖到了最后期限。

如果对一个目标任务开始拖延，一个有效的解决办法，就是减少这项任务所需的时间。在紧急压力状态下，一件事可以减少百分之五十的时间。这种情况在很多人身上出现过，如果决定明天去旅游，当天晚上，能把家里原本需要一整天干的家务活，在几个小时内完成得很漂亮。为了能够享受自己想要的生活，会拿出最高效率的做事方法，一刻都不想拖延。

时间专家说，最后截止日期，最好能自己掌握到达目标的时间，而不是别人强加到头上。因为人都有抵触心理，当因为反感而产生抵抗时，很多人会用拖延的行为来表示自己的不满，这样反而会浪费很多时间。

一个能够与时间成为朋友的人，通过合理支配时间，成功的概率会比不懂时间管理的人，高出很多倍。

十分钟的妙用

很多管理者都经历过，个人时间的需求和集体办公时间的需求，常存在着相互交叉。

老李是一家企业的车间主任，刚刚坐下来想做明天的计划，有下

拖延心理分析课：
如何除掉阻碍你行动的顽疾

属跑来告诉他，车间里有两个员工因为矛盾，发生了口舌，正吵得不可开交。他只得停下手中的活，去解决两个员工间的矛盾。

在时间管理中，作为一个管理者，这是个无法回避的现实。对于很多管理者来说，个人时间只能和集体办公时间讨价还价。最主要的是，要随时能够调整专心做事时被打断，然后再衔接上刚刚被打断的工作，也就是能够随时适应更小块的工作习惯。

如何能够在随时被人打断的工作状态下，做出高效的工作呢？那就要把每个讨价还价的工作日，看成是由很多个十分钟的小块单元时间拼凑而成。可以给这些小块的时间取个名字，比如叫"毛毛雨""马赛克"时间块等，让自己的头脑中对这些小块时间有形象记忆。

通过虚拟来看看，一个工作日中，有没有"毛毛雨"时间概念，存在着多少差距。

小娜在专心工作时，同事小周把头探进办公室门口，对她说："你现在有时间吗？"小娜正在做一张报表，已经做了十分钟，大概再过20分钟能做完。在这样的状况下，小娜对同事的打扰会呈现出两种反应：

（1）她正急着完成手头的任务，想到小周不期而至的打扰，心里很厌烦，内心想："碰巧不巧，为什么要现在来，我正赶着完成任务呢。"

（2）她随时怀着把"毛毛雨"时间拼凑起来工作，这时内心想："我反正已经完成了三分之一，把小周的问题解决掉后，我在开会前还能完成三分之一，开完会后我找机会把剩下的三分之一完成了就是。"

第五章
时间管理：把每一秒钟充分利用起来

如果小娜能灵活安排"毛毛雨"时间，同事小周的来访，有两大好处：

（1）她立即放下手中的工作，接待没有预约的同事，让同事感觉到被尊重，能更好地处理同事关系。同样，对于小周来说，如果被拒，会产生对小娜不满的情绪，这种不满情绪被及时止住了。

（2）小娜高度关注着自己的每日工作要点清单，不停地寻找机会来完成它，日积月累，会养成一个良好的利用时间的习惯，她的工作效率会比他人高很多。

每时每刻盯着任务清单的人，是高度自律、高度有责任感的人，自然而然也就有了高效的工作率。那些能够做到高层的管理员，大多是这一类人。

伊曼去拜访一位企业领导时，领导正看着便条上的五个电话号码，这是他接下去需要完成的工作。当领导打完第一个电话时，有人过来告诉他，某个部门有件事急需他去解决。领导当即停止打第二个电话，跟随那人去解决事情。当事情解决完回来，他继续拨打第二个电话，等第二个电话打完，有下属来向他汇报工作，他笑着听完下属的工作汇报，继续拨打第三个电话。在拨打五个电话的时间段内，每个电话空隙，都有人来找他，看他停停打打，忙得团团转。但是最后，他还是按计划打完了这些电话。虽然被不断打扰，他却见缝插针，用"毛毛雨"碎片化时间，完成了个人的工作内容。

很多领导的时间，都是固定时间和不固定时间混合在一起，如果不懂得重组时间，一天的工作日，就没有多少时间来完成个人的工作量。

凯尔每天手头都会有一摞需要处理的文件，这些文件都需要他在当天完成。在凯尔处理这些文件时，办公室的电话总是响个不停，随时有人来叫他去开临时会议，还有不少人直接来办公室找他。面对这样繁杂的工作场面，凯尔处理完这些紧急的事情后，一有空隙，就坐下来批阅这些文件。这些文件就是在一次次"毛毛雨"的时间中，被他消化掉的。

大部分管理者，都不会把时间设置成固定的"电话联系时间"或"文件处理时间"，而是采取见缝插针的方法，把这些工作撒在大面积的时间中，什么时候有零碎时间，就什么时候处理，用极其经济的方式，完成个人时间工作事项。反过来看，一个人能成为管理者，必定有其出色的一面。如果这些管理者习惯拖延，每天那么多的工作，必定无法完成。一个连自己都管理不好的人，是无法成为一个好管理者的。

很多领导常常没有大块时间来做一件完整的事，就要通过重组零碎的时间，来完成个人时间所需要的工作。如果不懂重组时间，很多事就会被拖延，一个被自己的工作搞得筋疲力尽的领导，哪里还有时间去管理他人，最终必定会很狼狈。

"20/80 法则"让你的时间增值

不难发现，对于一些拖延者而言，总是在抱怨工作太忙，而事实上，他们一直在忙于做一些毫无成效的事情。比如，站在打印机边等别人打印完再打印，上班时间打长时间的电话，一天跑几趟卫生间……如果是这样的工作状态，就必须调整自己的工作方式。因为很多浪费的时间，是不会给生活带来任何好处的。只有集中精力完成那些值得去做的事情，才会高效地完成工作。

不管何时，如果为一些错误的事情而工作，那么无论做了多少事，其实都是在拖延时间。如果说，有某种必须遵循的法则，能帮助人们把生活调整到一个良好的平衡状态，那么它就是一百多年前，由意大利经济学家帕累托发现的20/80法则。维尔弗雷多·帕累托提出："在任何特定群体中，重要的因子通常只是少数，而不重要的因子则占多数，因此，只要能控制住具有重要性的少数因子即能控制全局。"当然，习惯上二八定律讨论的是顶端的20%，而非底部的80%。

在传统时间管理中，我们常常强调把任务按四个象限来区分：紧急又重要、重要不紧急、紧急但不重要、既不紧急又不重要，以此顺序付之行动。但是在做这样区分的时候，没有分列出哪些事情具有高价值，哪些事情是低价值，哪些事情没有价值可谈。很多人在忙碌又紧张地完成全部任务后，发现很多时间都是浪费在没有价值的事情上。

二八法则告诉我们，80%的收获只需要20%的时间，而其他80%时间只创造了20%的成果。很多人知道这个定律后，内心沮丧和懊恼，没想到自己一天忙到晚，竟然有80%的时间只带来20%的工作成绩。既然二八法则这么神奇，那要如何掌握它呢？想要20%的时间达到80%的工作成绩，只有通过重新审视自己的工作时间表，以此来找到可行的办法。

首先,看一下制定时间表,在密密麻麻的工作排列中,哪些是有价值的?哪些事情付出时间后,只能获得很少的回报?哪些事情能够拿到丰厚的回报?哪些事情能提升自我?哪些事情只是在耗用时间,既得不到多少金钱回报,又不能帮助自身成长?

在分析所有事情中,如果加入一点点经济观念,就会发现,单纯地把所有罗列出来的任务,没有选择地一一完成,时间并没有最大价值化。如果想要让自己的时间增值,就要勇敢舍弃一些低价值的工作任务,就像清理衣柜里过时的旧衣服一样,要毫不犹豫地舍弃。不管在别人眼里多么重要,一定要有这种概念——低价值的时间都是浪费。只有将宝贵的有限的时间,用到高价值的工作中去,才会创造更高的人生价值。能够将时间最大值化的人,浪费在犹豫和拖延中的时间,几乎是零。

为了不让自己的时间浪费在一些低价值的事情中,一些生活和工作中常见的任务,通过传统观点和二八法则来进行对比。

1. 代替别人做事

比如代老板去参加一个会议。在参与会议的过程中,既得不到有用的信息,又结识不到对自己有帮助的人。

传统观点:这是老板指派的任务,必须要完成,义不容辞。

二八法则:这项工作对自己没有任何利益,如果刚好有空,倒也无妨,如果放下手头的工作去参加,万一因为帮老板去开会,而导致自己的工作不能按时完成,绝对不是合理的理由。

2. 不是自己擅长的事

别人让帮忙做一件事,但自己也不擅长,费了九牛二虎之力才完成,结果却不能让委托人满意。这样既浪费了自己的时间,又让委托人没有得到满意的结果。

传统观点:同事之间该帮就帮,谁没有个要人帮忙的时候呢。

二八法则:去做一件不擅长的事,既会耗费很多时间和精力,往往还得不到满意的结果,这种事,就是用大量的时间去做低价值的事,面对这样的请求,要勇敢说"不"。

3. 陈旧的例行公事式的事

比如开会需要的文件,花几个小时复印后分发到各部门。

传统观点:把文件分发到各部门,就是通知了开会的时间、地点,完成自己的任务就了事。

二八法则:这是信息时代,人人讲究高效。可以把文件内容通过邮件发送给各部门负责人,让各部门自己去打印分发。如果为了尽责,等过些时间,可以发邮件追问各部门完成事情的情况。

4. 大家都没有兴趣的事

比如领导希望在通告栏里,公布一些有价值的资讯和新闻。在坚持一段时间后,发现并没有多少同事去关注这些内容。

传统观点:上司安排的工作,就是分内的事,不管结果有没有效果,做好自己的事就是。

二八法则:没有收获的事只是在浪费时间,继续做下去毫无意义,应该主动向上级反映情况,并提出自己的建议。

5. 乏味无聊的事

比如对与自己并没有关系的会议和培训学习。

传统观点:既然是公司安排的,即使会议内容和学习内容和自己没有关系，还是要坚持下去，体现自己尊重领导意愿。

二八法则：时间不是用来做无意义的事情的，手头还有紧急的事情需要处理，尽可能想办法逃避这些会议和学习。如果实在避不了，就开开小差，偷偷地做一些有意义的事，把时间浪费降到最低。

6. 花费很多时间，却还是没有办妥的事情

比如和一个客户谈一笔生意，用了很多时间在该客户身上，客户却还不愿意签合同。

传统观点：已经在这客户身上浪费了大量时间，半途而废太可惜了，再坚持一下，或许就能成功。

二八法则：如果在一件事上花费的时间，在预算的一倍以上，还看不到希望时，那就果断放弃，因为这个项目的含金量已经大大打了折扣。

这些例子还有很多。那么，到底什么样的事情，值得花费大量时间和精力去解决呢？给出以下建议：

（1）一直很想做的事；

（2）付出 20% 的努力，却能收获 80% 收益的事；

（3）能节约很多时间的事；

（4）能够提升品质的创新方法；

（5）难得一遇的良机；

（6）和家人团聚的机会；

（7）……

人生最重要的是获得自身的快乐和满足，所以要把时间用在能够带给自身快乐、满足、成功的事情上，而尽量不要把时间浪费在烦闷、枯燥、无聊的事情上。

根据二八法则，重新去定义时间计划。如果真正掌握了二八时间管理法则，会发现同样的时间越来越宽裕，从而在潜移默化中便战胜了自身的拖延陋习。

吞青蛙，战拖延

"吞青蛙"做事的方法，是战拖的有效方法之一。如果逼着自己，把一天中最重要最难的事先解决了，也就不会产生拖延了。

作家博恩·崔西在《吃掉那只青蛙》一书里说："如果你必须吃掉一只青蛙，不要长时间盯着它看。如果你必须连着吃掉三只青蛙，记得要先吃掉最大、最丑的那只。"这里的青蛙是指一天中最重要的三件事。

明确一天中的三只"大青蛙"，就是找出每天最重要的三件事，它们是每天一定要吞掉的三只青蛙。试想，如果每天第一个任务是必须吞一只活青蛙，今天就不可能有比这更糟糕的事了（解决必须要完成的任务）；如果今天的任务是吞两只青蛙，那就先吃长得又大又难看的（先解决掉重要的、难度大的任务）；如果没有办法逃避吃青蛙，那就行动吧，不然它会一直在眼前（只有行动才能解决问题）。在今天的工作中，当明确必须要吞的三只青蛙后，一定要一只一只吞下去，不管多难。

吞青蛙时间管理法，最大的优点是明确一天中最重要的三件事，然后根据二八法则，把一天中20%的时间去做这80%的事情；最大的缺点是面对不易完成的任务，容易产生心理抵触。

吃青蛙时，可以选择用 FAST 原则。

1. F 是要吃掉的青蛙，是英文单词"frog"（青蛙）的缩写

每天一早，列出一天中最重要的三件事。根据优先顺序排列，这是今天必须要完成的工作，也就是必须要吞掉的三只青蛙，在几只青蛙中，要选最难看最大的先吃。试想，如果今天把最难的工作都解决了，接下去的心情会如何？拖延者之所以拖延，很多时候是因为工作难度大，对于简单的事情基本不会拖延。当吞掉了一天中最大最丑的青蛙后，其他事就不会有太大阻碍了。

2. A 代表的是行动清单，是英文单词"Action List"的缩写

每天花一点点时间列出工作清单，确定要吞的青蛙，把那只"又丑又大"的青蛙放在第一位。歌德说："最重要的事情绝不能受制于最不重要的事情。"有了行动清单，就有了计划目标，一天的工作按着顺序去完成。当产生一定要完成这些任务的信念时，人的注意力会集中在一件事上，专注地投入到工作中，就能产生高效的工作率。

3. S 代表分解成小部分，是英文单词"Slice"的缩写

大部分重要的事情，不可能一下子完成，需要几天或几周才行。重要的事对自身或对企业，必定起着至关重要的作用，所以要提前做起来。把大任务拆分成小任务，每天按时间计划，把小任务列入当日的行动清单中，逐日完成。

4. T 代表时间，是英文单词"time"的缩写

对人们来说，时间是最宝贵的财富，时间管理的目的是为了在相同时间内，产生最大的价值化。为了提高工作效率，要找到一天中自

己最适合吞青蛙的时间，这样能产出最大的工作效率。

下定决心、专注地去做一件事，会进入最佳工作状态，也就是进入心流状态。"心流"在心理学中的解释是"一种某者在专注进行某行为时所表现的心理状态"。当一个人将全部精力投入到某项活动中，会产生心流状态，这时伴有兴奋感和充实感。整个做事过程，也会越来越顺手。

进入心流状态需要如下四个步骤：

（1）重要的事情经过拆分后，选择简单的片段开始做，就像运动员一样，做一下热身运动。

（2）静下心来，专心地做一件事，这时注意力特别集中，按照拆分的小任务，一口口吃掉青蛙。

（3）工作久了都会疲劳，要提醒自己适当休息，不要过分消耗体力。可以站起来运动一下，倒杯水喝，去一趟厕所，或简单地做一套办公室操，然后再投入高效的工作中去。

（4）每完成一项任务，检查一下完成情况，要养成良好的工作习惯，确认任务保质完成。

明确"三只青蛙"后，每天优先处理这几件事。21天养成一个新的习惯，用这个新的习惯去代替旧的习惯，平时习惯的拖延行为，会被这个新习惯所代替。等习惯成自然后，一切都好了。

提高认知和管理时间的能力

拖延者对时间的看法经常会脱离实际，他们的时间过于主观，而非客观。毫无疑问，拖延者需要提高认知时间、管理时间的能力，非常有必要培养一些认知时间和管理时间的技巧。

1. 认知时间

大多数拖延者并不能很准确地判断时间，习惯性地拖延时间，把某项任务的完成时间估计得过长或者过短。

例如，他们说："我可以花一天的时间读完《基督山伯爵》。"读完书的时间显然太短了，《基督山伯爵》翻译成中文后，全本大约为九十多万字，远远超过正常人一天时间的阅读量。当拖延者发现他们不能按预期的时间读完整本书，就会拖延时间，并且原谅自己。他们会对自己说："这么厚的一本书，反正也读不完了，就慢慢读吧。"错误的判断时间，让他们只能没有具体的时间概念，只能拖延。

我们要计划完成某项任务所需要的时间，就要做一些练习，克服自己的心理时间，准确地认知时间，想办法在限定时间里完成任务，不给自己拖延的理由。

这个练习是：首先对要做的事情做一个时间估计，然后记录实际花费的时间，最后做一次对比。

例如，把做晚餐的时间先做一个估计，然后看着时钟，开始做饭。直到饭菜做好，端上桌后，看实际花费了多少时间，再对比两个时间相差多少，看自己估计的时间是短了，还是长了。下次做饭的时候，把这个认知时间的练习再重复一遍，多做几次，就能对做晚餐的时间做出较为准确的估算。

这个方法适用于任何地方，尤其在工作中。处理邮件、整理报表等日常工作都可以用来做时间估算练习。

认知时间的练习，能够帮助我们对自己将要完成的任务，做出更准确的时间估算，做事情更加得心应手，减少拖延。

2. 管理时间

做过认知时间的练习后，可以估算出做某件事大概需要的时间，然后要学会管理时间。管理好时间，给自己一个约束，可以杜绝拖延症。

如何管理时间呢？可以从两个方面入手：有效利用闲散时间和排除意外事件的干扰。

能够把闲散的时间利用好，就可以不用为了做一件事，空余出更多的时间，在有限的时间里，完成一个或者几个项目。

只要有空闲的时间，就可以行动，哪怕只有十分钟。假如一项任务需要三小时完成，不要消极地等一个完整的三小时出现，可以把那些闲散的空余时间利用起来。把时间都利用了起来，就会有种紧迫感，也就杜绝了拖延。

如果每天都能留意一些闲散时间，并且合理利用它们，会发现自己可以多做很多事情。比如约会时，约会对象迟到了 15 分钟，可以用这 15 分钟进行阅读；在机场、火车站候车时，会有相对宽余的闲散时间，可以构思一篇文章的大纲；上下班路上，可以先思考到单位就要写的每日工作清单；在炒菜时，回忆刚刚做的方案，大概有哪些细节需要改进……

留意有效的管理时间有个很大的好处，就是工作或者学习很忙的人，一周很难抽出完整的三个小时或更多的时间来完成一个计划。可是，在工作和学习之余，会有很多个八分钟、十分钟等多余时间。所以，不要等待完整的三小时出现再行动，直接利用这些零散的时间，一点点完成计划，工作就不会拖延了。

　　有效的管理时间不仅杜绝人们的拖延情绪，还能让人保持旺盛的精力。作为拖延者，为了完成任务，即使找出一个完整的三小时，未必有旺盛的精力把事情做完。拖延者常常会因为高估自己的忍耐力和注意力，造成更多的拖延。那些闲散的时间，因为时间非常短暂，忙里偷闲，更容易控制自己的注意力和行动力。

　　当认识到"短有短的好处"后，还要会规避可能让工作时间延长的情况，防止发生意外情况。时间管理学家把导致拖延的事情叫作"意外干扰事件"。比如，给某人打电话，本来三分钟就能完成的事情，却忘记把某人的电话号码记在哪里了。于是，花了十分钟时间，翻遍桌子上所有的书籍和本子，才找到写有电话号码的那张纸条，然后花费13分钟打完这个电话。这样的意外事情，拖延了时间，就难以按时完成预定的任务。所以，要掌握好时间，想办法规避这类情况。

　　王恒周一下午去一家公司面试。一个星期前，他就收到公司的面试通知，原本他应该为面试做一下准备：①把西装和裤子拿出来熨烫一下；②研究这家公司的发展情况；③准备自己要做的陈述内容。

　　可是，他把大把时间都用在了后两个任务上，觉得时间还早，衣服可以迟些熨烫，所以他迟迟没有熨烫衣服。

　　周一的早晨，他才把西装拿出来，准备熨烫。可是，匆忙中，糟糕的事情发生了，他不小心把西装烫坏了。他只能穿着休闲服去面试，理所当然的没有被公司录取。

第五章
时间管理：把每一秒钟充分利用起来

像烫坏衣服这类紧急情况，会打乱原有的安排，不但影响心情，而且会影响计划的完成。

这些意外可以规避，只要拒绝拖延，在提高和认知时间的重要性后，就具备管理时间的能力。例如，及时给工作文件和通信录备份，去机场要避开交通拥堵的高峰期，出差要带好常用药等等，尽可能地防止那些让人措手不及的事情发生。

时间是客观存在的，不会随着个人意志的转变而延长，是拖延者要面对的一个挑战。通过一些方法和练习，把心理时间和客观时间联系起来，提高做事的完成率，合理地把时间利用起来，继而能杜绝拖延的发生。

第六章
自我超限：完成比完美更重要

完美代表高标准、高要求，常作为成功者的标配。其实，它只是虚幻的一个代名词，因为世界上根本不存在完美的东西。即使在科学领域发展中应用很大的公理，也总是在某种假设和前提下才成立。接受自己的不完美，一边成长一边改正，抵抗拖延，让自己变得更美好。

别让追求完美害了你

伏尔泰曾经说过:"'完美'是美好的敌人。""完美主义者"最大的特点是追求完美,完美代表高标准、高要求,常作为成功者的标配。其实,它只是虚幻的一个代名词。因为世上根本不存在完美的东西,即使在科学领域发展中应用很大的公理,也总是在某种假设和前提下才成立。

"完美主义者"在追求完美的过程中,常常对失误处于零容忍,也因此常让自己处于焦虑和神经紧绷中,生活在这样消极的状态中,这种性格反而抑制了他们追求成功。其实,完美不是最重要的,重要的是恰到好处地完成,当对完美的追求影响了前进的脚步,就要引起重视。很多拖延者就是被完美主义拖住了后腿,在工作中放不开手脚,结果工作完成不好,心情也越来越糟,只给自己徒添烦恼。

原哈佛大学积极心理学教授 Tal Ben Shahar 对完美主义的定义是:"完美主义是充斥在我们生活中的对失败的失能性恐惧。"害怕失败是人之常情,但失能性恐惧是面对失败裹足不前,这就成了心理问题。

你是完美主义者吗?可以通过下面这组小测试来判断:

(1)工作时,被别人打扰,会不高兴或愤怒。

(2)在商场购物,不会理睬促销员的推销,按自己的标准购物。

（3）对那些生活中随随便便的人，感到不舒服，甚至讨厌他们。

（4）对于同事提出的一个新项目，如果没有十足把握，不会轻易尝试。

（5）对他人或自己做的事，常常感到不满意。

（6）对自己的服装或居住环境常常感到不满意。

（7）对别人做的事感到不满意时，会亲自动手去做。

（8）打算写一篇文章，如果没有一个完美的开头，哪怕临近截稿日期，还在为一个精彩的开头做努力。

（9）发现给领导的报告中有一个错别字，哪怕马上要迟到，也要再打印一份。

（10）对下属做的文案始终不满意，即使临近下班，还是让他们继续修改。

如果这些题目，你基本都回答"是"，很有可能是一个完美主义者。完美主义者总希望把事情做得尽善尽美，为了达到完美，不惜花费很多精力和时间，哪怕把任务拖到即将截止的期限，他们还在完美中苦苦挣扎，害怕自己能力不足造成任何失误。

完美主义者为了达到完美，常常拉高标准，他们对完美的追求是，从事情开始到结束，整个过程都要求达到自己内心的设想，如果中间有一段没有按照自己的标准完成，哪怕最后完成了事情，也认为是不完美。正因为如此，完美主义者最容易成为拖延者。

完美主义者在工作中对自己的高标准要求和不懈努力，有可能会让他们在工作中脱颖而出，但是长期背负着"出现瑕疵就是犯错误"的压力，会给自身造成极大的心理障碍。在团体合作中，因为自己的完美主义，不容许队员有任何瑕疵，会造成不良的人际关系。很多时候，完美主义者对完美的追求，会造成适得其反的结果，让自己处于作茧自缚的处境中。完美主义者最典型的"自毁"，有五种常见行为。

1. 很难做出决定和开始行动

完美主义者为了获得最佳选择，会等待各种时机，结果错过决策预定的时间期限。

比如，想买一件能够提升工作效率的工具，为了购买的工具足够好，会不断在淘宝网上找，一定要找一个没有差评的工具。事实上，没有负面反馈的产品是不存在的，不管这产品如何棒，都可能会得到差评。而一个完美主义者，当看到的差评和想要购买的工具性能，没有特别紧密的联系，他们还是会不断地找，希望找到最完美的工具。

因为设置了高标准，用几天时间找工具，反而因此拖延了工作进程。不但没有从工具中收益，同伴或团队还会责怪他们做事没主见和条理。

2. 想方设法扭转沉没成本

完美主义者不能容忍任何一个小错误，细微的差错都会导致他们反复纠正，非常想去扭转已经产生的沉没成本。

比如一项服务性项目出了问题，和客服已经在电话中沟通了十分钟，没有决定权的客服一再说："我会把问题转告给领导。"但是完美主义者还是不停地和客服说了 20 分钟。完美主义者犹犹豫豫的性格，让他们把很多时间浪费在不重要的事情上。

3. 接受挑战前，总希望能够做好彻底准备

总把很多时间花在事前。作为成人，应该清楚，很多问题不是预先能想到的，只有边做边解决。完美主义者的这种习惯，常常是造成他们严重拖延的原因之一。

比如一个完美主义者，好不容易有了一次在公众场合发言的机会，担心发言时出现错误，他会想"如果我在发言前，能参加一次发言培训班就好了"。然后内心一直被这个念头占据着，始终忐忑不安。其实他应该为有一次在公众场合发言的机会而高兴，很多时候，机会出现时，不会给我们充足的准备时间。

4. 在要求自己高标准时，也同样要求别人如此

完美主义者给自己设置高标准的情况下，也会给身边的人设定高标准。当周围人在工作时，没有达到自己要求的标准时，会要求别人重新做，或者干脆自己去做。

比如在大家合做一件工艺品时，大家加班加点完成后，完美主义者在隐蔽处发现了一点小瑕疵，提出修改意见。这时，大家都很累，认为这点小瑕疵并不影响整件工艺品的外形，但是他坚持要大家改正过来。在这样的情况下，如果他是领导，下属只会觉得他不体谅员工；如果和大家是队友，大家只会觉得他吹毛求疵，给大家添堵。设置的高标准门槛，会影响他们和大家的人际关系，说不定以后会遭到同事的排挤。

5. 对自己的弱点、错误和失败，总是耿耿于怀

对于自己的各种小错误和失败，总是放不下，始终在纠结，造成心情不佳。面对新的任务，压力重重，不敢再开始。

比如和别人说话时，说错了一句话，就像有鱼刺鲠在喉间，会不舒服好几天。再和其他人说话时，老担心说错话，导致和人沟通有了障碍。

世界上原本就不存在完美，如果一味追求完美，只会害了自己。因为对完美的追求，害怕失败，担心做不好，思前想后，不敢放手去做，最后就什么事都做不成。泰戈尔说："真理之川从他的错误之沟渠中流过。"说明真理是从不断的错误中纠正出来的。

既然真理对错误都是这么依赖，何况我们凡人，又何必去害怕犯错呢？摒弃完美主义，是有效改正拖延的方法之一。

是什么信念让完美主义者拖延

对于完美主义者，心理学家甄别出两种类型，一种是适应型的，一种是适应不良型的。适应型的完美主义者对自己要求很高，并且相信自己的表现能够与之相符。这样一种能够如愿以偿的完美主义，感觉就像一个人本性的一部分，也是一个人自尊的基石。然而，适应不良的完美主义者对自己要求也很高，但是却对自己不抱希望。在适应不良型的完美主义中，对自己的要求与实际表现之间存在着一种矛盾，所以适应不良型的完美主义更容易自责，也更容易感到消沉。

其实，无论适应型完美主义者还是适应不良型完美主义者，在他们的内心中总有一些自己所钟爱的信念，这些信念看上去似乎冠冕堂皇。问题是，它们可以让完美主义者对生活极度失望，不但没有对进步起到作用，反而为拖延鸣锣开道。可以说，信念是完美主义者出现拖延的基本因素，那么在完美主义者身上，这些信念又是什么呢？

第六章
自我超限：完成比完美更重要

1. 平庸的人会被看不起

完美主义者想要事事都出色，他们无法接受自己平庸的表现。他们希望事业发展顺利、人际关系和谐，可以出得厅堂，入得厨房；可以写一手好字，能做一桌好菜。他们希望在日常生活里，时时刻刻都能表现得非常出色。

他们难以容忍一般的表现，如果达不到要求，就会拖延，在拖延里寻找借口，安慰自己，掩盖自己的错误和失策。他们会说："这一次我表现一般，是因为时间不够。"他们相信只要给予足够的时间，就能达到他们理想的要求。

完美主义者在拖延中找到借口，自我安慰，告诉别人："我不是平庸的人，只是我还没有把这件事做完，所以现在不完美。"

2. 优秀的人不需要努力

完美主义者的信条是：出色的人，做任何事情都不用花费太多精力。再难的事情，都能轻而易举完成；能迅速做出各种决定；学习如同享受生活般轻松学会。

一件事情让他们耗费太多时间和精力，就会让他们感到自卑。如果他们是一个理科生，会说："要是我不能迅速把这道题解出来，就是我太笨了，那些概念和公式都在我的脑子里。我那么优秀，不需要坐在书桌前冥思苦想，还是先去玩会儿电子游戏，过一会儿答案就会自动浮现在我的脑海里。"

那些自认为自己很优秀的人，对于暂时无法完成的任务，就会暂停努力，把事情拖延一会儿。如果这件事情让他们付出艰辛的努力，就会对自己感到失望，用拖延的办法逃避。他们坚信优秀的人不需要努力，觉得自己聪明，却变得比普通人还要无知。

3. 任何事情都要独立完成

他们认为求助就等于向别人展示自己软弱的一面，所以任何事情都要靠自己的力量来独立完成。他们不会承认自己不知道答案，更不会依据情况做出正确地选择，他们不理解与别人合作的乐趣，更不懂得一个人不可能什么都会做。

他们宁可孤独地奋斗，也不愿意求人帮忙。他们认为不求助很光荣，觉得能够独立完成任务是件骄傲的事情。当他们的负担越来越重，只能用拖延的办法让自己喘口气。每件事都要靠自己独自完成的信条，把他们一步步逼到拖延的绝路上。

4. 找一个正确的办法解决问题，是完美主义者的责任

完美主义者确信，每个问题都有解决的方法，他们肩负着找到这个方法的责任。可是，在他们找到正确的方法之前，为了避免做出错误的决定，他们干脆拖延，什么事也不做。

他们不想承担任何责任，害怕错误的决定会让他人看扁自己，也无法忍受自己的懊悔和自责，不愿意付出实际行动，想办法把事情往后拖延，显示自己胸有成竹。

他们把自己看成是无所不知的神，天真地以为能看透很多事，幻想着自己能知道所有的事情，可以像三国时的军师诸葛亮那样神机妙算。

5. 不是全部，就是没有

在完美主义者的世界里，对于事情的态度只有这两种情况：不是全都做到了，就是一事无成。他们没有觉得自己离目标越来越近，哪

第六章
自我超限：完成比完美更重要

怕这件事他们已经完成了 99%，只要还没有完成，对他们来说就是没有完成，就是零。

完美主义者常说："不是黄金就是垃圾。"从这句话我们可以理解完美主义者为什么会拖延。他们在到达终点之前，会因为失望而放弃继续努力。因为在他们看来，没到达终点，就等于一步也没有前进。

完美主义者的这种观念，让我们理解他们的目标为什么总是定得那么高。他们想把所有事情都做好，如果不是全部都做好，在他们眼里，就是什么事情也没有做。

约瑟夫想去健身中心锻炼身体，他的目标是每天都去。实际上，去年他就在一家健身中心办了会员卡，但他一次也没去过。

当他再次准备健身后，人们费了一番口舌才让他相信，一个人能够坚持每天都去健身是不可能的事情。于是，他才把目标改为每周去三次健身房。

在他做出决定的那一周，他去了两次。为此，他心里非常难过，觉得自己还是没有做到。

约瑟夫看不到自己一周去两次，已经比去年进步了一大截，还是认为自己没有做成，让他感到难过，这就是一个完美主义者对自己的苛刻，然后慢慢地拖延，直到像去年那样不了了之。

很多事情在完美主义者"不是全部，就是没有"的信条下显得压力很大。没有达成设定的目标，就等于没有按照计划做事；就算事情完成了百分之八十，有了进步，也不会满意。

如果只有完美才能讨得完美主义者的欢心，那么他们注定要失望。追求完美就像是追逐地平线一样，无论你怎么奔跑，它都在你的前面，是你无法到达的地方。所以，完美主义者要抛弃这些让他们压力重重的信条，摆脱"完美"这个噩梦，才能脚踏实地地逐渐走出因"完美"而陷入"拖延"的怪圈。

直视童年阴影，治愈完美主义

形成完美主义性格特点的原因，既有先天因素，也有后天因素，家庭环境对一个人的成长有着很大的影响。据心理学家研究，父母是完美主义者，孩子长大后成为完美主义者的可能性，要比在一般家庭中长大的孩子比例高。

生活在完美主义家庭里，四个方面可能诱导孩子形成完美主义的性格：①对孩子要求严格，各方面都要达到完美程度；②对孩子期望过高，当标准被拉高，孩子达不到要求时常常被呵斥；③对孩子总是不满意，只有孩子的行为达到父母的期望，才被认同和赞许；④父母是孩子的榜样，以自身完美主义的做事风格给孩子树立榜样。

当孩子从小在这样的环境中长大，被批评、呵斥、指责、恐吓、强迫等是家常便饭，从而也容易导致缺乏开朗、自信和安全感，更有可能产生逆反心理。孩子因为对父母的行为不满，产生抵触情绪，作为弱势一方，在没有办法对抗的情况下，从而会选用拖延的办法进行对抗。

小乐的母亲是个完美主义者，从小对小乐有很高的期望。在小乐小时候，母亲为了让女儿得到自己期望的成绩，每天放学，在女儿完成家庭作业后，都会要求她做很多练习。有时候小乐想去玩一会儿，就会遭到母亲严厉的责备。对于每次考试，母亲总要求她考第一。有

第六章
自我超限：完成比完美更重要

一次，小乐考了全班第二，与第一名只差了一分，回到家，母亲就劈头盖脸地骂她，说她辜负了自己一片苦心。

在小乐的印象里，母亲总是阴沉着脸，从来没有拥抱过她。她开始不想回家，每次放学后，总是慢腾腾地走到公交车站，好让公交车先开走几辆。一段时间后，母亲发现了她的小伎俩，于是亲自接送她上学、放学。

放学回家后，小乐第一件事就是上卫生间，在厕所里一拖延就是大半天，赖着不肯出来。当然，这时更会遭到母亲的责备。不敢反抗的小乐，只是沉默不语。在母亲的压制下，小乐的拖延行为不止发生在家里，开始连老师布置的作业都不肯按时交。她讨厌被人控制，也讨厌最后期限的设置日期。

长大后，进入职场的小乐成了一名设计师，害怕老板对自己的作品不满意，她在前期总是做大量准备，设计过程中反复修改，害怕哪个细节没做好。这时的小乐，和母亲一样，已经成了一个不折不扣的完美主义者。她每天忙得焦头烂额，却总是堆着干不完的活。她感到心力交瘁，却没有办法摆脱童年母亲留给她的阴影。

有人说"幸福的人用童年治愈一生，不幸的人一生治愈童年"。童年的经历会对一个人的人生观和价值观产生很大的影响，很多人一生都生活在童年的阴影中。在完美主义者家庭中长大的孩子，很容易成为人格障碍的高危人群。童年不幸，但是人生美好，当我们认识到自己成为完美主义拖延者时，要努力走出童年留给我们的阴影，去创造新的快乐。

那么，如何努力才能摆脱童年阴影留下的拖延症呢？

拖延心理分析课：
如何除掉阻碍你行动的顽疾

1. 害怕什么，面对什么

逃避永远不是解决问题的方法，完美主义家庭长大的人，小时候受过太多委屈，在父母不断的呵斥和不满中，丧失自信，情绪低落，怀疑自我。这些事情既然已经发生，就不要试图去掩盖和遗忘。

唯一能做的，就是直视它的存在：回放成长路上一个印象深刻的镜头，一个小孩正在经受父母带给他的痛苦，你去安抚他，帮助他，给他安慰和力量。可以不断回放这些镜头，你始终扮演那个安抚的角色，在安抚他人的同时，你的心灵也会得到安慰。童年留下来的阴影，终将被慢慢治愈，脚下的路也会渐渐宽广。

2. 无法改变往事，却能改变现在

谁都无法选择出生，这是谁都无法逆转的命运，可是我们能改变现在的自己。父母是完美主义者，给了孩子不快乐的童年，还给了他们长大后留下的很多不良习惯，这些必将妨碍他们的生活和工作。但是，请不要去指责父母，因为指责改变不了已经存在的事实。

人无完人，父母也会犯错，每个人的行事标准不一样。伤痛已经造成，就努力去改变现在。如果因为家庭，成了完美主义拖延者，就去克服完美主义。曾经讨厌父母的你，不要再让自己成为孩子讨厌的父母。放下生活赋予你的疼痛，原谅和理解一切，朝前看，去创造新的生活。

3. 放下心灵的包袱，轻松上阵

每个人的人生都不一样，每个人的童年都不一样。他人拥有幸福的童年，在成长路上走得很顺利。而在完美主义家庭长大的孩子，心里充满了太多的委屈和不甘，不明白为什么同样是父母，别人的父母

在他们成长的路上播种鲜花，而自己的父母在成长路上给自己种植荆棘，留给自己满身创伤。

人生是场直播，无法排演，我们要接受发生在自己身上的事实。未来还很长，童年只是人生路上一个阶段，不要背着不幸的包袱前行，如果这样，一辈子将不会快乐。放下心灵的包袱，轻松上阵，当克服完美主义后，由完美主义带来的拖延，也会迎刃而解。

用成长的心态瓦解完美主义信念

在克服完美主义引起的拖延，斯坦福大学的心理学家卡罗·德威克给我们提供了帮助。通过长期观察，这位心理学家发现一个人失败后会产生两种心态：固定心态和成长心态。

固定心态的人相信人的能力和智力是天生的，生来什么样，就是什么样。相反，成长心态的人则认为人的能力是可以提高的，通过学习和工作，人会变得越来越聪明而且越来越优秀。

完美主义者面对失败，更倾向于固定心态。他们觉得成功只是证明自己的能力、智慧和才华，现实中的每个挑战都是为了证明自己足够优秀。当他们足够优秀的时候，无论什么事情，都不用费太大的力气。

在固定心态的驱使下，完美主义者无法容忍错误，更接受不了失败。他们觉得错误和失败证明自己没有能力，不够聪明，是个蠢笨的人。

对于他们来说，失败是件可怕的事情，证明了他们没能力，就像是商品被贴上了不够优秀的标签，一次失败代表着他们会永远失败。

> 拖延心理分析课：
> 如何除掉阻碍你行动的顽疾

他们会放弃挣扎，不愿意再努力，用拖延的方法逃避现实。

知道这些，我们就能理解有些人对失败恐惧的原因，有些人一次失败后，就再也爬不起来；我们也能理解，当事情变得棘手之后，有些人选择放弃，有些人陷入拖延的怪圈。

固定心态驱使他们退缩或者逃离，他们直接放弃做那些让他们显得很愚蠢的事情，或者拖延时间，不去完成事情，为他们的行为遮上一层保护膜，以此证明不是自己没有能力，是因为事情还没完结，显示不出他们的能力。

我们都知道能力和智力一部分靠天生，大部分还是靠后天的努力。所以，固定心态不正确。固定心态导致的结果让人沮丧，导致做事情就拖延，不利于个人发展，是种消极的态度，与之相反的成长心态才对我们有帮助。

当一个人抱着成长的心态看待事情，就会努力让自己更聪明、更能干，激发自己的潜能，他们相信能力可以通过后天的努力提高。

在成长的心态下，没有人会逼迫自己立刻完成某些事情，而是循序渐进，想尽一切办法去解决问题，一步步走向成功。有了成长的心态，挑战也会让生活变得更有价值，人们可以提高和充实自己。就算挑战失败也没有关系，他们不会认为自己很糟糕，不会给自己找借口去拖延，而是加倍努力，想办法克服困难。

成功和失败不能体现一个人的本质，失败只是说明要做的这件事，还要花费更多的精力，需要付出更多的努力，而不是面对失败，就想退缩、拖延或者逃离，这样只会离成功越来越远。

用成长的心态破除完美主义的信念，这种表现不等于没有能力，表现不好不等于平庸，没有人天生优秀到能做好任何一件事，向他人求助可以让自己学到更多。失败不代表自己不行，即使没有做到十分好，能够收获八分也可以。

拥有成长的心态，就再也不会过度关注外在表现，而是更加关注自己的收获，能否从收获中得到快乐，提高自己的能力。

一个人的能力不是固定不变的，会随着努力向上发展。人们做任何事情，不是为了证明什么，而是为了学习、进步和提高自己。这样，就不会把事情拖到自己幻想的完美时刻。行动起来，用成长的心态，向成功靠近，拖延自然就会远离。

制订有截止日期的计划

锤子科技创始人罗永浩在做锤子手机时，因为追求细节的完美，拖延了产品的上市时间，结果比竞争对手慢了半年，从而错失销售良机。从这件事他得出一个结论："按时完成比追求完美更重要。"

有一句古诗为"十年磨一剑"，形容经过长时间学习磨炼和精心准备，以此来说明长时间准备和学习的重要性。但是现实生活中，磨了十年的剑，往往是被磨残了。

一件事由很多细节组成，如果每个细节都追求完美，那就失去了底线，最后只会造成无限期地拖延。要改变这个问题，一定要记得给任务设置最后的期限。

有一次，朋友小薇写了一篇评论热点话题的文章，打算发在自己的微信公众号上。排版完成后，怎么看都感觉不满意，于是开始调整格式，调来换去，时间很快过去了一个多小时，最后小薇还是不满意。如果再不推送，将要错过最佳推送时间，经过比较，小薇最后决定换回第一版，先把文章推送出去。

小薇是处女座，典型的完美主义者。在生活和工作中，为了追求完美，她常常会事前做很多准备，希望每个细节都是完美的，许多时候，直到时间所剩无几时才开始。小薇过度追求完美，也因此有了拖延的不良习惯。

其实许多问题，事前并不能预想得到，在事情推进过程中才能发现，如果一味追求完美，会导致最后没有过多时间去解决新问题。所以最好的办法是早早开始，如果在过程中发现问题，有足够的时间解决问题。

小米的领导是个做事有章法的人，小米跟他一起去拜访客户时，常对小米说："先把调研报告写出来，让客户看到事情的进展，这胜过到最后看到一个完美的结果。"

小米每当接到一个新任务时，害怕自己做不好，前期总会用很多时间搜集和查阅相关资料。比如周一，领导要求她本周完成一份调研报告，到周三她还没开始写。周三一早，领导问她报告进度时，小米说："正在搜集资料。"领导对她说："不管你准备工作做得如何充分，如果没有书面形式的呈现，等于没有开始。一定要记住，要先开始。"

在领导的催促下，小米晚上终于完成初稿。第二天她拿给领导看，领导指出报告中的几个问题。小米针对性地对这几个问题进行解决后，重新梳理整篇文章，发现二稿比初稿好了很多。领导看过二稿，提了几点建议，小米对整篇文章进行重新修改。当第三稿交给领

第六章
自我超限：完成比完美更重要

导时，领导简单修改后，这份报告就通过了。

通过这次任务，小米发现自己最大的错误是写初稿时，没有设定最后期限。准确的做法是，在接到一个新任务时，先理清思路，然后根据思路开始行动，不管有多难，一定要给自己设置一个最后截止日期，先去开始初稿。在做初稿的过程中，会发现新的问题，也会开阔思路，接下来修改时，会发现容易得多了。

这件事后，小米养成了新的工作习惯：接到任务，先整理思路，在第一时间写出报告初稿给领导看。

领导提意见时，小米虽然觉得很没面子，她知道这是自己的完美主义在作怪，所以努力去克服，然后根据领导的意见去修改。修改后，虽然总觉得不够完美，但还是会发给领导看，在听取领导的意见后，再修改和讨论，最后报告总能得到领导的认可。虽然没有做到完美，但是当听到领导说"这样差不多"时，她的内心就放松了很多。

如果时间允许，在得到领导认可后，小米还会在细节上进行修改；如果没有宽裕时间，就不会再修改。新的工作方法，让小米的拖延行为，得到了有效改正。

很多人写作时，常被没有一个精彩的开头卡住，拖延着不愿写下去，结果是迟迟完成不了这篇文章。准确的方法是硬着头皮写下去，或许没有一个好开头，写着写着，灵光一闪，一个好开头就来了。另一种情况是，即使开头不好，在写的过程中，新的思路会不断出现，开阔了思路后，可以倒过来再去调整开头。

任何一件事情，一定要给自己设置一个最后期限，这是告别拖延的一种有效办法。每项工作中的每个节点，都要有时间期限，明确到哪天完成。如果是小任务，还要具体到几点完成，要不断检查计划实施的进度，才能克服因追求完美而带来的拖延。

做完事情，要胜于完美收工

常常会听到周围的人这样抱怨："为了把工作做得完美些，我前期做了很多准备，谁知最后时间来不及，我没能完成这项工作……"一些完美主义者，为了体现自己的能力，总想把每件事都做到 100 分。结果因为追求完美，拖延了完成任务的时间，最后连 60 分都没得到。

生活中这样的人很多，因为追求每个细节的完美，会拖延一件事情的发展进度，结果可能把整个任务拖到最后期限的生死线上。对于这些人，不能指责他们不用功，他们做事很努力，并且试图让每个细节都完美，只是效率太低。

这类因追求完美而成为拖延者的人，哪怕在做事过程中，努力寻找提高效率的方法，也不会有显著进步。比如有了明确目标后，把任务流程进行分解，对其他拖延者来说，分解任务后并积极完成，是有效战胜拖延的方法。但是完美主义者即使在分解任务后，依然效率低下，执行力得不到提升。这是因为他们对每个细节都追求完美。

完美主义者为了让任务达到心目中的理想标准，在开始之前总是做各种准备，却不愿开始行动。比如做一个文案，事前会找大量的参考资料，把很多时间都浪费在找资料上。等开始做时，又为一个完美的开头不停地纠结。对于他们来说，任何一个环节，都在追求完美中不停地拖延。

第六章
自我超限：完成比完美更重要

不管什么事，没有开始行动，就不会有进展和结果。一件事情一旦启动，就要持续跟进，不能停留在某个步骤中。取得一定成绩后，哪怕只是一点点进步，也要及时鼓励自己，不要给自己长期没有回报的负面情绪，从而导致产生懈怠心理。

做任何事都会遇到困难，不能有逃避心理，要想办法去解决。一件事的成败不能决定一个人的价值和能力，要懂得给自己减压，在内心告诉自己，这只是做一件事而已。要给自己建立一张安全网，时刻提醒自己，哪怕犯错和失败，也不能阻碍采取行动的动力，更不能让一件事来否定自己的价值感。

完美主义者在完成任务的过程中，主要是对每个细节太苛求，在计划进行中反反复复地调整和修改细节，总是导致任务延时，无法准时完成。这类人面对被拖延的任务，内心没有多少罪恶感，他们拿以高标准要求自己为拖延做借口。

有完美主义综合征的人，因为追求细节的完美，常常浪费很多精力和时间在细节上，结果目标任务被无限拖延。为了避免这类拖延，可以尝试降低标准，以完成任务为先，等完成任务后，如果还有剩余时间，可以再去追求完美；如果没有时间，至少已经完成了事情。如果能够放下对细节的完美追求，会有更多的时间去做更多的事，更能体现自身的价值。

关于完美和完成有这样一段话："我们不要花三天时间去完成100分，而是要用三小时得到60分。与其一开始就制定100分的标准，不如尽快推进工作过程，得出结果，即便工作做得粗糙点。与其花时间追求完美，不如快点开始，快点完成，哪怕不美观。"

接到一个任务后，首先是理清思路，然后是着手去做。不管遇到多少困难，都要试着先去完成，如果需要修改和完善，都会相对容易。万事不要停留在纸上谈兵的过程中，这样无济于事，只会拖延时间。

不要事事追求完美，做到即可。在工作或生活中，都要遵守最后期限，不然有再多借口和理由，都给人不靠谱的感觉。如果一项任务，在最后期限无法完成，就有可能造成很大的损失。动手做，胜过任何完美想象；做完事情，胜于一切完美收工。

"拆"字诀，高效解决拖延

很多人知道完成比完美更重要，但是完美主义者在做事过程中，不知不觉会进入到追求完美中。完美主义者的思维是一条直线，希望一件事一次就能达到完美的程度，这样就不要再费时间和精力去修改。这是不现实的，很多时候，往往是在完成后，经过不断地修改和调整，才能达到满意的结果，甚至还有可能需要经过几次重来才行。

完美是优秀的敌人，追求完美和追求优秀完全不同，追求完美只关注结果，不注重过程。完美主义者只有在结果达到心中标准时，才会有成就感，他们无法享受过程的愉快。而追求优秀的人在乎的是是否优秀，他们不怕犯错，不怕失败，不怕被人耻笑，一心只想让自己更优秀。科学家牛顿曾经说："乐趣不在于知道知识，在于找到知识。"这是追求优秀的过程，享受过程带来的美好。

在追求完美的过程中，与拖延关系最大的因素是方向、方法和人，三个因素直接关系到结果。根据四者间的关系，可以设置成一个

第六章
自我超限：完成比完美更重要

公式：结果＝方向＋方法＋人。

所谓方向，就是完成的任务。在完成任务的过程中，如果对任务不感兴趣，不喜欢，或者是违背自己的做事原则，都是造成拖延的原因。所谓方法，就是解决能力的方案。一件事如果比较复杂，自己没有这方面的经验，因为找不到准确的办事方法，害怕得不到想要的结果，所以迟迟不愿开始，选择拖延。所谓人，就是指个体，懒惰是人的本性。谁都无法叫醒一个装睡的人，如果自己懒惰，那终将一事无成。

与结果有关的三点中，"方向"相对来说比较固定，很多时候不是个体能够掌握。人无法脱离群体，个体的方向很可能是团队的方向，哪怕再不感兴趣，一般人没有太多能力去改变。而关于"人"，常常是那只享乐的猴子掌握着大家的大脑，大家都喜欢享乐当下，一个人想要改变个性，需要意志和时间做支撑。所以在三个因素中，最有可能改进的是方法。

1951年，20世纪最重要的哲学家之一的美国逻辑哲学家蒯因在《经验论的两个教条》一文中提出"还原论"的思想哲理。认为任何复杂的系统、事物和现象，是由很多部分组成，可以通过化解来理解和描述。世界的本质在于简单性，还原论就是科学地将高层的、复杂的问题化解为简单的、低层的问题来处理。

根据还原论，可以用"拆"字诀的方法，来有效改善拖延的陋习，就是将生活或工作中复杂或难度大的问题，经过化解变成简单的问题来逐个破解。

比如拿跑步锻炼身体来举例。那些长期坚持跑步的人，每天跑十

拖延心理分析课：
如何除掉阻碍你行动的顽疾

几公里，简直是轻轻松松；对于初学者来说，却没有这样简单，累趴下也无法一下子完成十几公里。那些一下子能跑十几公里的人，其实一开始并不能达到这种状态。

通过了解，那些长期坚持长跑锻炼的人，很多人是从1000米开始的，有的人甚至是从500米开始，这种方法叫作"1km跑步法"。根据还原论，就是把跑步的任务分解成最小单元，等大脑还没发出反抗的指令，任务已经结束。在接下去锻炼的日子里，根据自己的体能持续增加路程，到最后保持每天想要达到的目标。

同样，拿做菜来说，也可以用"拆"字诀来分解完成。很多家庭主妇，会觉得做菜是很麻烦的事，一想到每天要面对三餐饮食就头大。心态很重要，当调整好心态后，再把做菜的流程逐个分解：买菜——洗菜——切菜——做菜——再到摆菜。

买菜，是为了选择合格的材料。比如菜是否新鲜，需要哪些配料。切菜，根据不同的菜品切成不同的形状，这样有助于外观和口感。做菜，炒、煎、炖、烹等，不同的菜有不同的做法，不同食材更是有不同做法，根据做法准备相应的配料和餐具。最后一道工序是摆菜，不同菜用不同盘子盛放，给人视觉上的享受。经过一系列流程分解，事情就有了清晰的脉络，操作起来就很容易。

"拆"字诀可以运用到很多任务对象中，在做简单的低层任务时，本能脑做出本能反应时，身体不会引起太多反抗，拖延行为也就得到相应控制。把任务拆到最小单元，进行最小化训练，然后汇在一起就是整体的完成。

第七章
自控法则：先管控自己再解决拖延

世界上没有真正意义上的自由。所谓自由，都是通过自律获得，你今天有多自律，明天就会有多自由。当你养成自律的习惯后，能够控制自己的情绪，就能战胜拖延陋习。越自律的人越能达到目标，这是你迈向成功的捷径。

本能脑和情绪脑必须和谐统一

所谓自制力,就是指人们能够自觉地控制自己的行为和情绪。自制力是坚强的标志,与之相反的是任性,是对自己的言行没有约束,放纵自己。有自制力的人,能够鼓励自己去完成想要完成的事,能够控制不符合原定目标的想法、行为、动机和情绪。所以,自制力强的人做事干脆利落,很少拖延,即使染上拖延陋习,也比自制力差的人容易战胜。

一个患有拖延症的人,想要战胜拖延,就要有强大的自制力。自制力可以培养,想要培养自制力,首先可以通过生理结构来了解大脑的组成。大脑分成三个层级,分别是本能脑、情绪脑和大脑皮层,三层脑功能各不相同。

最内层的是本能脑,位于脊柱顶端突出部分。它在最里层,属于古老的大脑,是人类和其他动物共有的大脑结构。当人类感到恐惧时,本能脑就会被激活,本能地做出逃跑、静止和反抗等反应,它的目的是保证身体安全。

本能脑的功能和天赋,在我们需要迅速反应时,非常有用,反应速度有时甚至比意识还快。

比如,当手指不小心将要触碰到水壶里喷出的蒸汽时,手指在意识来临之前，早已做出了反应；当手伸向火炉，在将要被火烫伤前，本能脑迅速做出指示，让手缩了回来；当头部将要受到攻击时，我们会本能地用双手护住头部。这些都是本能脑为了保护主人，而做出的迅速反应。

本能脑的这些反应对人是有利的，但很多时候，它做出的指示会阻碍人们获得想要的东西。比如一个人想要去学习，本能脑会发出指示，觉得学习太辛苦，让他赖在沙发上不要起来；一个人想早起，本能脑又会发出指示，告诉他睡懒觉很舒服；一个人想要去写一篇文章，本能脑觉得写文章会很累，会发出不要做，拖延的指示。

第二层是情绪脑，它像小手套一样包裹着本能脑，负责复杂一些的情感。所有高等动物都有情绪脑，把各种情绪带到行动中。比如猫、狗、猴子、大象等动物，它们的大脑跟人脑在结构和功能上，竟然有98%的相似度。为什么人类喜欢宠物？或许这个现象是解释的理由之一。

本能脑和情绪脑在长期进化过程中，发展到密切配合的程度，它们把身体意识和情绪意识连在一起，形成主动记忆和当下意识。

情绪脑有三大特征：

第一，它的记忆方式是由内而外的，属于投入式记忆。也就是说，它会投入所有的记忆，过去的事情就像正在重演。虽然它能把过去学到的东西和当下的体会结合起来，但是不会想到长久或将来的结果。

第二，它喜欢让事物保持原来的样子。当人们抵触变化时，就是情绪脑在控制人们的思想，让设想的东西完成不了。比如某人为了减肥，发誓不再吃甜品，结果抵不住诱惑，不知不觉拿着吃起来；一个母亲一次次告诫自己，不要再对孩子大吼，结果还是没有做到。这是因为人被情绪脑控制，陷在原有的情绪模式中。

第三，情绪脑考虑问题很直白。黑就是黑，白就是白，没有灰色地带或阴影地带。考虑问题的方式只有"是"与"否"，"对"与"错"，"这个"与"那个"。人们在恐惧中思考时，最能体现这种非黑即白的反应方式。

情绪脑的基本功能和本能脑相似，也是在受刺激的情况下做出反应。只不过，本能脑是在身体受到威胁和刺激时做出迅速反应，而情绪脑是在情绪上受到威胁和刺激时做出反应。比如对未知的恐惧、群体受到威胁或失恋这种情况下，就是情绪脑做出反应的时候。情绪脑作为一个习惯性系统，关注的是当下和当下的欲望，阻止着转化式的改变。

想要获得想要的东西，就要控制情绪。那有没有办法克服情绪脑的惯性，从而改变现有的生活模式呢？有，那就要学会运用第三层脑——大脑皮层。

大脑皮层分为左脑和右脑系统，它们具备视觉想象能力，如果要完成计划，实现梦想，改变未来，就要充分启动大脑皮层的作用。大脑的智力绝大部分由大脑皮层掌握，拥有十多万亿相关联的神经元。视觉化大脑皮层的优势，在于视觉规划和系统观察，凭着它的运转速度和处理事情的能力，比大脑惯性支配要灵活1000倍。

情绪脑是投入式记忆，反思记忆的方式是由内而外。而大脑皮层却是通过分离图像来思考，它是将一个事件中的图片重组后回放，像发生在别人身上一样。当以这种分离式方式呈现时，关联的情绪部分就大大变少。这时，人们能通过更多的考虑方式，做出最好的选择。

本脑和情绪脑在进化过程中，已经建立了协调的配合功能，而大脑皮层的发展是人类文明的兴起，在进化上存在时间不长。与前两者相比，它还只是个孩子，所以与情绪脑和本能脑结合的部分并不多。大脑皮层可以理解为理性大脑，能够控制本能和情绪。如果三层大脑间无法好好相处，就说明大脑皮层这个小孩，控制不了本能脑和情绪脑。大脑理性思维被压制，人就失去自制力，很多想要完成的目标就无法完成。

从脑的执行流程来看，是从最外沿——外沿——内核。这就是说，当理性做事时，必定要先经过两个低级大脑。两个低级大脑想要做出理性判断时，会发出本能的反抗和情绪上的变动。

阿威上班时间是八点半，每天早上七点应该起床。星期一早上七点，闹钟响了。

大脑皮层：阿威，闹钟响了，该起床了，不然上班要迟到了。

本能脑：不想起床，我还想睡。

情绪脑：又要起床了，真不开心。

本能脑的反应是想偷懒，情绪脑的反应是不开心。这个时候，我们不是以压迫它们为主，而是要动用理性力量，去引导本能脑和情绪脑。

大脑皮层对本能脑说："听话，起床，不要拖延了，不然会迟到的。"

大脑皮层对情绪脑说："虽然现在不开心，如果迟到会扣工资的，想想发工资的时候。"

高级的理性脑要采取连哄带骗的方式对待两个低级脑，它们才会乖巧一点。如果硬来，两个低级脑就会露出叛逆的一面，会产生更多的负面情绪。

比如一工作就想到拖延，这是两个低级脑在作怪，作为文明产物出现的理性脑就要去哄骗两个低级脑。

大脑皮层对本能脑说："乖，听话，不要拖延工作，工作完就让你玩游戏。"

大脑皮层对情绪脑说："虽然现在有点累，如果你工作能够完成得又快又好，不但工资提高了，而且领导会更器重你，不是很好吗？"

两个低级脑想想也是，就听从了理性脑的支配。

人之所以高于其他动物，是因为理性大脑的发达。若想控制两个低级大脑的反应，就要加强理性大脑的锻炼。平时少服从两个低级大脑的要求，更不能放任两个低级大脑，不然就会彻底失去理性，也就失去了自制力。拖延行为是本能脑和情绪脑在作怪，要想战胜拖延，需要理性大脑多哄劝这两个低级脑，当两个低级脑被哄劝高兴了，也就随理性脑摆布了。

自律是战胜拖延的捷径

作家王小波曾经说："人的一切痛苦，本质上都是对自己无能的愤怒。"每个人都曾经有过这样的经历：在某一时刻突然想，如果我那时坚持下来，事业已经成功了；如果我再坚持一下，肯定已经瘦下来了；如果我多坚持一会儿，就和心爱的人在一起了……

第七章
自控法则：先管控自己再解决拖延

现实很残酷，只有结果，没有如果。自律对很多人来说都是一件困难的事，它意味着要去改变目前的舒适区，逼着自己去做不喜欢的、不愿意的、不乐意的事。比如想要减肥的吃货，得管住嘴；因为熬夜内分泌都失调的夜猫子，必须时刻提醒自己要早睡；深度拖延的人要考试，就得逼着自己复习……

一个人有多自律，才有多自由。为了获得以后的自由，现在不得不违背自己的意愿去做事。因为唯有自律，才有希望获得想要的一切。成功的人都是高度自律的人，而大部分人都不够自律。想要战胜拖延，就要有强大的自律能力。为什么很多人都知道自律的重要性，却做不到自律呢？自律有那么难吗？想要知道这个答案，还得从心理学角度去分析。

心理学上有一种行为叫即时满足，它表示的是目光短浅，只重眼前利益。通俗的理解就是，现在想怎么样就怎么样，等下会有什么后果，目前都不管。比如喜欢吃什么，就餐餐吃什么，不管营养均衡不均衡；喜欢买衣服，就常常买回一大堆，不管这些衣服能穿几次；喜欢一个人，就恨不得马上在一起，没有时间去考验这个人到底合不合适；现在不想工作，就把工作推到明天，接下去还是不想工作，就选择拖延……

一个有即时满足偏好的人，是没有忍耐力，也不做长远计划和延时满足的人，拖延者往往是即时满足者。即时满足是人的本脑发出的最基本指示。人类在漫长的进化史中，为了当下满足做出最迅速的反应，是先祖们求生的技能。在生存环境恶劣的情形下，如果他们行事犹豫不决、慢条斯理、时时拖延、不迅速果断，就很难生存下来。

拖延心理分析课：
如何除掉阻碍你行动的顽疾

现代社会进入快节奏时代，随时更新的信息在不断刺激着人们的兴奋点。如果人们还是屈从即时满足，就无法及时捕捉住稍纵即逝的机遇和一些千载难逢的良机。即时满足在脑海中很容易激活，它好比是稳定的回路，电阻小，一旦激活，就将理性思考挤到一边去。

很多时候，理性脑明明告诉自己该开始工作了，本能脑却驱使自己刷起微博，点开朋友圈，翻开娱乐新闻……只要一开始这些动作，理性脑就只能靠边站，正常的工作计划就被拖延了。

一个不懂自律的人，无法克制即时满足，在本能脑的控制下，所有理性的事被推到一边，拖延成了生活常态。想要克服拖延，首先要做一个自律的人，那就必须先克服即时满足。

克服即时满足前，先来了解一个重要的概念——损失厌恶。所谓损失厌恶，是指人们在面对同样数量的收益和损失时，损失更不能让人承受。这反映了人们对风险偏好的不一致，在与收益有关时，人们讨厌风险；与损失有关时，人们则开始寻求风险。人天生对损失很敏感，由于有厌恶损失的心理，做决策时，会更倾向于避免损失，对追逐利益的考虑，远远低于规避风险的考虑。

面对损失厌恶，大脑像一个贪婪的小孩，始终表露出"我全部都要"的样子。大脑无法忍受失去，从本能出发，会立即处理那些可能要失去的事，然后再做稳定安全的事，就像人们在做正事前，总是先做一些细枝末节的事。

处理这一现象最好的办法是"五分钟冷静法"，先把冲动搁置五分钟，等五分钟后冷静下来，很多无益的冲动就被过滤了。为了更好地过滤冲动，把冲动写下来，冲动经过大脑转存到硬盘里，大脑资源得到节省，开始冷静下来，就能重现思考处理事情的方法。

人在不知所措时，常常会觉得需要做些什么，才能感到安心，这是人的一种行为偏误。比如投资股票的人，看到波动的股价，无法视而不见，要用行动来操作一下，才能让心安定。或者追加，或者抛出，结果大多是亏损。应对行动偏误的有效方法是，在不知所措的情况下，应该先让自己冷静下来，根据情形分析形势，等掌握形势后再伺机而动。

如果一个人想自律又控制不住自己，就要在大脑想要放松的时候提醒自己："如果我现在放松了，事后我会不会后悔？如果我现在拖延了，是不是就要占用明天的时间？"当你经常这样问自己，就会选择朝自律的方向去做，通过一点点努力，自律的习惯就会慢慢培养起来，就能控制自己的情绪，就能更好地进行自我管理。一个人如果懂得了自我管理，也就具备了战拖的信心和能力，所以自律是战胜拖延的捷径之一。

不为拖延找借口

每次拖延发生之前，都会有一个冠冕堂皇的借口。虽然都知道那些借口是糊弄人的，不过是为了掩饰自己的拖延行为，但是还是忍不住为自己的拖延行为不停找借口。因此，克服拖延的第一步，就是不要使用那些借口。

1. 不把忙碌当成拖延的第一个借口

上班族的一个借口是：忙！"我工作太忙了，没时间陪家人。"

"我最近很忙,不能去锻炼了。"无论什么事情,只要一说工作忙,基本不会招来反对意见。而这个理由最方便。在工作中,谁知道是不是真忙,不忙也可以说忙。只要不想做事,就可以说:"我忙,没时间。"

还有人为了能名正言顺地说自己忙,干脆瞎忙,每天摆出一副忙得不可开交的样子。不是打电话就是发邮件,要是有人耽误他一点时间,他就会不停地看表,表示自己需要处理的事情还很多。

当你想用拖延说服自己不去做某件事的时候,稍微停顿一下,问问自己:"我真的忙到这种程度吗?是否可以抽时间锻炼一下身体,或陪伴家人和孩子?"事情不是一下能做完的,各种责任都要兼顾。

2. 不要以累或不舒服为借口

大家都知道一个健康的体魄是多么重要。因此,当一个人说自己太累或者说自己不舒服,就不会有人强迫他做事。可是对拖延者来说,前一刻说自己太累了,后一刻却生龙活虎地在做感兴趣的事。这就像是装病不想上学的孩子,口口声声说自己不舒服,不能去上课,可待在家里玩一天电脑游戏也不成问题。

如果没有人监督,很多人会说自己太累,而不去做该做的事情。当拖着事情不做的时候,是否在忙其他的事?身体不是铁打的,会有累的时候,如果为了拖延某事才这么说,那可要警惕自己的拖延动机了。

3. 不要把事情拖到最后一刻

做事不慌张的人,让人感觉神闲气定,令人羡慕。有些人面对任务都不急不火,并不是自信,而是因为根本没把这个任务当成一回事。只要还能拖，就坚决不做。

每个月需要上交的报表，有人是每天做一点，当天的业务，当天就录入工作报表中。而有人则会说，那是月底的事情，月底再做就行。可是天知道，月底那几天还会有什么突发的事情，如果不巧赶在月底那几天感冒了，可能要鼻涕一把泪一把地对着电脑和手工台账做报表了。

不要以时间还多为借口，只要今天还有时间，就把未来需要完成的任务做一部分，这样每天下班的时候，心情都会轻松很多。

4. 不要说在做一件更重要的事情，而把该做的事情搁浅

这种借口也很常见，为了不做那些让人感到厌烦的事情，宁可做另一件喜欢的事情。很多孩子上学的时候偏科，在准备期末考试的复习中，他们总把不喜欢的科目放在最后，先复习自己喜欢的科目，最后仓促地浏览一遍不喜欢的科目，或者干脆不复习了。这样一来，本来感兴趣的科目成绩就不错，现在是好的更好，差的也更差。

一件事情如果真的那么重要，自然应该先做。如果每次都是这样说，就需要问问自己："我说的是真的吗？"放在前面复习的科目为什么就重要呢？即使讨厌数学，可它是必考科目，而且自己又不擅长，是不是应该提到更重要的位置上来呢？

拖延者为自己找借口的本领非常之强，有时候，会听到他们理直气壮地声明："不，我就不想做！"他们已经发展到不用掩饰，而是赤裸裸地拖延了，就连责任也不能约束他们。

拖延会阻碍自己走向成功，千万不要发展到那一步，还是看看身边那些从不拖延的榜样，他们是怎样协调好各种事情的，为什么能轻

松地完成各种任务？

我们的目的是摆脱拖延，让自己把生活和工作安排得更轻松、合理，而不是一天到晚跟自己打官司，整天告诉自己"这个理由可以让我不做事"，到头来，什么事情都没解决好，一切都让人感觉糟透了。

学会延迟满足

欧美科学界有句话："一心想得诺贝尔奖的，得不到诺贝尔奖。"我国学术界也有一句话："不要急于满口袋，先要满脑袋，满脑袋的人最终也会满口袋。"两句话分别告诉我们，只有放弃眼前的诱惑，克制自己欲望的人，才能得到想要的东西。确实，为了长远的利益，必须要有克服当前困难的能力，这样才能获得成功，这就是自控能力。

心理学上有个著名的"棉花糖实验"，即延迟满足，研究结果也表明了这个观点。

1968年，心理学家沃尔特·米歇尔在美国斯坦福大学的比英幼儿园主持了"棉花糖实验"，他的目的是想研究孩子在什么年龄段，会发展何种自控力。当时有32个儿童参加了实验，年龄在3～6岁之间。

实验是这样的：在每个孩子面前放一块棉花糖。主持人告诉这些孩子，他们有两个选择：一是可以马上吃掉棉花糖；二是等过15分钟后再吃，这些孩子能获得一块棉花糖的奖励。

实验规则一公布，有的孩子马上把棉花糖吃了；有些孩子等了会

第七章
自控法则：先管控自己再解决拖延

儿后，还是忍不住吃了棉花糖；最后一批孩子，等到足够长时间才吃，他们得到了第二块棉花糖。

1988年，时间过去了20年，沃尔特·米歇尔跟踪调查了这批儿童，竟然发现了另一个意外：当年得到第二块棉花糖的那些孩子，在青春期表现得更出色。

再过两年，到了1990年，这是第二次跟踪调查。沃尔特·米歇尔发现，那些延迟满足能力强的孩子，在高考中成绩特别优秀。

到了2011年，那些孩子早已步入中年。他们在接受大脑最新成像检查时发现，那些延迟满足能力强的人，负责着人类最高级思考的大脑前额叶相对比较发达和活跃。

从"棉花糖实验"几个跟踪阶段可以看出，一个成功的成年人，与儿童时培养的自制力有着直接关系。延迟满足过程中表露出来的克制欲望、抵制诱惑，放弃眼前利益，为达到更大的目标而坚持不懈的综合能力，就是意志力的表现。意志力是一个人走向成功的重要心理素质，是自我意识的重要成分。

生活中有很多人都有延迟满足的表现：一些人在晚上或周末放弃休息，坚持工作；一些人为了退休后有生活保障，提前开始储蓄养老金；一些人不抽烟、不喝酒、常锻炼，是为了保持身体健康……所谓的这些延迟满足，通俗地说，就是在工作和生活中不拖延，及时行动，以提前或准时完成目标而满足快乐。

所有成功的人，他们开始时必定有一个伟大的梦想，为了梦想他们放弃即时享乐，在枯燥和沉闷的工作中，坚持不懈地朝着目标前行，即使遇到诱惑，也能凭着坚强的意志力，拒绝被诱惑。

一个在生活和工作中不拖延的人，必定有强大的自控力，有自控力的人，负责理性的大脑皮层，能够克制住本能脑和情绪脑。这些人，办事能力强，执行力高，做事不拖拖拉拉，能及时甚至提前完成需要完成的任务。自控力和拖延行为有着如此密切的联系，想要战胜拖延，那要如何才能提高自控力呢？

1. 专心做一件事

多任务切换是为了大脑两个区域得到相应的休息，但大部分人做不到多任务切换。在这样的情况下，我们就要选择一次做一件事，在外界没有干扰的情况下，更容易专注地做事。当一个人集中思想做一件事时，思想就不会开小差，持续坚持，自制力就会得到不断提升。

2. 给任务一个截止日期

为了培养自制力，给目标规定期限，让自己一定要在期限内完成。不过这个期限要从自己能够接受开始，从而进行改变。如果一个人能轻松看书半小时，强迫他看两小时，会觉得很痛苦，中途思想就会开小差。这个时候，不要责怪自己没有自控力，而是去改变计划。

如果一件事一开始能坚持做半小时，就从半小时开始，然后过几天延长一些时间，再过几天又延长一些时间。用循序渐进的方法，让自己去适应这个过程，最后自己会发现，专注做事的时间越来越长，自控力也得到了有效改善。

人的潜能有时候连自己都不知道，自己觉得做不到的事，并非真正做不到，而是没有找到准确的方法，如果方法得当，再加上意志力，就能发现一个完全不一样的自己。

3. 始终保持积极心态

有些人无论做什么事，都是不停地抱怨，始终觉得自己完成不了这件事，一想到这事这么难，整个人就失去了动力。一个人产生消极心理时，会看不到希望，会失去自信，很想放弃正在做的事，觉得没有坚持下去的理由。消极心理不利于自控力的养成。

与消极心理相反的是积极心理，反过来，积极心理就能让人心情愉悦，觉得一切都会好起来，能给人信心和力量。而做好任何一件事，信心很重要。所以，平时要多给自己积极地暗示，不管在语言上，还是行动上，抑或心理上，始终要让自己处于积极乐观的状态中。

4. 制定"如果……那么"的计划（if-then Plan）

"如果……那么"（if-then Plan）是指把环境线索和意向行为联系起来，让两者形成一种心理联结。比如，如果要看书，就要关闭手机；如果到了晚上十点钟，就要睡觉了；如果办公桌上堆放了杂物，就要整理干净；如果有了拖延症，就要想办法去战胜……

经过大量调查证实，制定 if-then Plan 比有一个模糊的决心，在自制力的执行上有效得多。一些人觉得"我要去健身"，这些具有模糊概念的人，一般只有 30% 的人坚持下去，而制定了 if-then 练习（if 今天是星期一、星期三、星期五，then 我要去健身）的人，有 90% 的人把这个计划坚持了下去。把目标具体化，是提高自制力的条件之一。

拖延行为是享受即时满足，有了自制力，就能做到延迟满足。当一个人懂得延迟满足时，也就成功战胜了拖延。

切断外界诱惑

有一种"心理许可",会慢慢吞噬人的意志力,如果持续让这种行为继续下去,会让自己最后变得毫无自控力,切断诱惑,是提高意志力、战胜拖延的有效途径。

"心理许可"是一种微妙的心理行为,束缚着你的意志力水平。当你想完成某项工作时,"心理许可"会支配你的意志力。很多时候,你会默认"心理许可"对意志力的支配,让意志力短暂休息一会儿,这时,你就失去了自控力,很多正事就被拖延。

比如,双腿有痛风病的你,医生让你少吃荤菜。一开始你双腿痛得连走路都困难,你很听医生的话。坚持了一些日子,痛风症暂时消失了。一次,和朋友聚会,开始你只夹素菜吃,朋友们劝你,少吃点没事。这时,你的"心理许可"启动了。你对自己说:"嗯,我就今天吃一点,以后不吃。"于是,你和大家一样,开始吃荤菜。

有了第一次的"许可",自控力开始瓦解,接下去第二次、第三次……第一次破例是合情合理的,以后每一次破例也都各有理由,就这样,每次破例前你都给自己找各种理由"许可"。

因为你的痛风症已经缓解了一些,第一次吃荤菜后没痛,第二次吃后也没痛,第三次、第四次……于是你忘了痛风这回事,又回到以前的饮食习惯。失去自控力,最后收获的是什么?一段时间后,痛风病又犯了,这就是你不断使用"心理许可"后的结果。

面对诱惑,很多人没有足够的意志力去控制,"心理许可"正是

第七章
自控法则：先管控自己再解决拖延

抓住人的这种心理。ABC 电视台已故总裁古德森曾经说："那些表面上看似美好的事物中，往往蕴藏着让你后悔的毒药，所以你必须做到'火眼金睛'。"

外界的诱惑就是蒙蔽你意志力的毒药，如果你不想让自己变得毫无控制力，最好的办法就是切断外界诱惑源，让自己没有机会接触"心理许可"。社会是个万花筒，充满各种诱惑，每个人的诱惑点都不同，有人喜欢权力、有人喜欢金钱、有人喜欢古董、有人喜欢美女。很多拖延就是因为"心理许可"搞的鬼，对症下药才能治好病。这就需要你列个单子，找出哪些诱惑经常让你使用"心理许可"，导致需要做的事被不断拖延。比如网络游戏、电视肥皂剧、明星花边新闻、逛街、购物、赌博、闲聊，等等。不管哪种诱惑，你要尽力给自己停发"心理许可"证，甚至想尽办法去"隔绝"它。

所谓"隔绝"，就是在你和诱惑源之间设置一道障碍，因为有障碍，让你没有办法接触到诱惑源，从而达到你专心做事的目的。

一家广告公司的平面设计师小米，以前是位很负责任的设计师，设计的作品质量也很高。近来不时有客户向公司投诉她，说她的产品不但稿件质量差，还常常拖延。为此事，老板已经找她谈了几次话，她知道，如果自己再不改变工作状态，将要面临被解雇的危险。

小米之所以工作能力下降，是因为她迷上了一个社交 APP，有事没事，总拿出手机看看，要么写点东西，要么和网上的好友交流互动，这花费了她大量的精力和时间。即使平时工作时，她也忍不住登陆该社交软件，看看大家在说什么，或者去评论区写写留言。

为了改变现有习惯，小米试着卸载这款软件，可是失去自控力的她，过不了多久，又重新把该软件安装了上去。

当客户再次投诉后，老板黑着脸给小米下了最后通牒。为了保住饭碗，小米最终下定决心向同事求助，并且提出让同事帮忙监督。她让同事修改了自己在该社交软件的密码，即使很想玩时，也无法登陆。偶尔她请求同事告诉她密码，让她稍稍登陆一会儿，同事就提醒她，该有自控力。坚持一段时间后，她对该社交软件的兴趣渐渐淡了，整个人又能重新专注地投入到工作中去。

不要太相信自己的意志力，很多时候我们的意志力没有想象中那样强大，切断一切外界诱惑，给自己创造一个没有诱惑的空间，是战胜拖延的途径之一。在你专心做事的过程中，自我控制能力会越来越好，最后成为一个意志力强大的人。

拒绝没必要的事情

很多人一直在浪费时间，被没必要的事情冒出来"喧宾夺主"，让该做的事情拖延下去了。数一数自己一天做了多少没有意义的事情，上网浏览了多久没有意义的信息？同学聚餐是每次都非去不可吗？这些事情都是必要的吗？有些事情，既不是你喜欢的，也不是必要的，那么就要拒绝它们，以便把精力集中在有意义的事情上，克服拖延症。

想一想，生活中有什么事情是需要拒绝的呢？至少有以下几类事情需要拒绝。

第七章
自控法则：先管控自己再解决拖延

1. 没有意义而浪费时间的事情，必须拒绝

生活中有很多没有必要浪费精力的事情，这些事情不仅消耗时间，对你没有好处，反而拉着你倒退。如果你准备考研，正在积极备考中，而一些同学成立了学习小组，邀请你加入。可你去了才发现，他们除了谈天说地，针对一个问题讨论半天，剩下的时间就是吃饭。这样的事情还要参与吗？你可以果断拒绝，你与他们的目标不同，他们的目标在浪费你复习的时间。

一个拖延者，常常分不清事情的重要和必要程度，结果浪费了时间而没有收获。你需要做的事情是：分清楚自己需要什么，不需要什么，明确地判断出浪费时间的事情，并将它们从生活中踢出去。

2. 拒绝习惯性的无意义的行为

有时候，我们不是为了一个明确的目标去做一件事情，而是习惯了机械性地做事。有些上班族，上班后的第一件事是看新闻，并不是他有多么需要了解时事，而是习惯打开电脑就机械性地开始浏览新闻。这是一种无意识行为，跟自己要做的事情完全没有关系，为什么还要那么做呢？对这类事情，必须说不。有些家庭主妇，已经开始做饭，但却突然觉得厨房不够干净，于是一边做饭，一边整理厨房，结果每次做饭都要拖拉很久。如果先做好饭，再整理不是更好吗？

3. 不是分内的事情，就要拒绝

在生活或工作中，总有些人喜欢给你添麻烦，本来不是你的事情，他们非要你帮忙。当然，助人为乐是优秀的品质，可是都把事情推给你的话，你还能有时间做自己该做的事情吗？你必须告诉自己不能做老好人，那样你将失去自己的很多时间，最后导致自己的事情被一拖再拖。

4. 对电子网瘾说不

大概它是目前最浪费时间，也最容易上瘾的事情了。网络游戏、小说、电视剧、八卦新闻、社交网站、网购，等等，对不同的人形成不同的诱惑。手机、电脑随时随地都会让你浪费一些时间。你必须对这些说不。

你的电子信箱里每天都会进入大量的邮件，多数都是广告垃圾。没有必要每隔一会儿就看一眼，每天用固定的时间处理一下，就足够了。

网络上有很多诱人的东西，网络新闻的标题变着花样吸引我们的目光，更不用说游戏广告和网购的广告了。沉溺于网络，会让人消耗大把的时间，而一旦成瘾，就会让人在该做的事情上开始拖延。为了让自己的精力不被互联网分散，斯坦福大学的劳伦斯·莱斯格先生做出了一个重要的决定：每年都关掉自己的网络一个月，连打电话的次数也尽量减少。每当他需要集中精力的时候，就会拔掉网络线路，让自己安静地工作。

你也可以像他这样做，但大多数人会提出反对意见："那我可能要错过一些重要的事情了！"真的有那么大的事情，需要网络来解决吗？如果你觉得一个月，确实会耽误你一些事情，那么几个小时呢？或者每个月的某几天怎样？可以试试在晚上下班后，不开电脑，不玩手机。这样解除了断网的焦虑感后，每个月选出适当的几天，给家里断网。

拒绝以上几类事情，仅仅是一个开端，更重要的是，你需要对自己的事情做出更深的思考，你的生活中应该有什么，应该没有什么，当制定了自己的标准之后，拖延就会逐渐减少，并能够在生活上获得更大的自由。

强健的体魄有利克服拖延

克服拖延需要自控力，强大的自控力来自于强大的意志力。当一个人的身体逐渐感觉疲劳时，他的意志力也会逐渐减弱，所以说拥有一个强健的体魄，有助于克服拖延。

现代人生活水平越来越高，身体素质却越来越差。面对快节奏的生活，如果没有一个强健的体魄，工作和生活中的拖延也就在所难免。甲、乙两个人，做同样的活，如果甲体质不好，做着做着感觉累了，工作速度会不知不觉慢下来，甚至可能要停下来休息。在甲休息时，身体强健的乙保持同样的工作速度，相对而言，甲自然就拖延了。

一个有着强健体魄的人，精神佳，心态好，行动快，工作热情高。所以，想要远离拖延，与是否拥有健康的身体关系很大。想要拥有健康的身体，锻炼和饮食都很重要，如果能够坚持做到下面几项，就能增强体质。

1. 坚持晨跑

顾名思义，晨跑就是在早晨，以跑步为主进行身体锻炼的一种运动。在晨跑之前，先喝杯热水，因为经过一晚上的睡眠，人体已经缺少水分。晨跑以慢跑为主，跑的路程根据个人体质而定。刚开始可以选择路程短一点，然后逐渐加量，达到一定的目标，最后保持这个目标。晨跑的好处可以增强体质、提高免疫力、改善精神状态、激活身体内的运动细胞。

喜欢拖延的人，自律性不强，很难做到持之以恒。如果强迫自己坚持下来，不仅能强健体质，对解决拖延也是有益的帮助。

2. 坚持吃早餐

古话说："早餐吃好，午餐吃饱，晚餐吃少。"早餐是大脑活动的能量之源，是日常养生中最关键的一餐。如果不吃早餐，经过一晚上消耗的人体，体内没有足够的血糖供给，人会感到疲劳、倦怠、思想无法集中、精神不振、反应迟钝，工作时就会产生拖延。同时，胃处于长时间的饥饿状态，会分泌过多胃酸，容易得胃炎、胃溃疡等疾病。

3. 办公室健身

世界卫生组织早已将"久坐"列为十大致死致病元凶之一，澳大利亚昆士兰大学研究发现：久坐1小时的危害≈抽2根烟≈减寿22分钟。现代人越来越差的体质，与久坐不运动有着直接关联，特别是办公室人员，白天坐在电脑前办公，下班回家又瘫在沙发上，运动量严重不足。选择一套合适的办公室操，每天适时运动运动，哪怕是站起来简单地踢踢腿，伸伸手，深呼吸几下。不但缓解了久坐带来的危害，而且通过短暂运动，大脑得到有效休息，也就避免了因为疲劳而带来的拖延。

4. 不熬夜

长期熬夜会逐渐出现失眠、易怒、健忘、焦虑不安等精神症状，良好的睡眠可以提高人体免疫力、免疫系统机能，能够有效抵制病菌的入侵。有条件的人群可以适当午睡，午睡最佳时间在半小时到一小时之间，这样就能有效消除疲劳。人有精神，就能专注地投入到工作中，这是避免拖延的好方法。

5. 做俯卧撑和仰卧起坐

利用碎片化时间，男人在睡前或早上起来的时候，做一定数量的俯卧撑。美国在发布一项新研究成果时表明，经常做俯卧撑训练，不但能强壮骨骼和肌肉，还有增加四肢血液流动、改善血管弹性等功效，每天坚持做 15～20 个俯卧撑，能有效保护血管老化。女人在睡前或晨起的碎片化时间，可以选择做仰卧起坐。仰卧起坐是最锻炼腰部肌肉的，不但可以减去女性腰部的赘肉，而且又锻炼了腰部的力量。

6. 去健身房

健身房里有很多健身器材，利用健身器材锻炼身体，让身体各部位达到有效锻炼。在健身房里可以结识志同道合的朋友，大家互相监督，效果会好很多。良好的体型是自信的来源，一个能够控制体型的人，必定有超人的意志力和自控力，这是战拖的首要能力。

强大的自控力能给我们带来良好的生活习惯，好的生活习惯使我们拥有一个强健的体魄，强健的体魄有利于克服拖延。生活中很多东西是相辅相成的，就像多米诺骨牌一样，一个好的习惯会产生一连串好的结果，最后产生的能量足以改变自己。

第八章
告别拖延：美好人生就此开启

拖延让人精神萎靡，工作迟缓，得不到幸福的感觉。只有告别拖延，我们才不会被时代所抛弃，当我们在工作和生活中不再拖延，按时完成任务时，心情才会处于放松状态，才能感受到美好人生。

激发工作热情

　　身在职场,每个人都会产生职场懈怠期。所谓职场懈怠期是指,一个人几年如一日地操作着重复而又机械的工作,随着时间的增长会产生一种不可名状的疲劳、困乏,甚至厌倦的心理,感觉自己像一个机器人,所有感情被消耗殆尽。对工作缺乏热情,没有冲动和投入感,在心理上对现有工作的反应是讨厌、否定、厌烦。每天不想去工作,却又不得不面对,于是用拖延对抗现实的不满。

　　人一旦陷入职业懈怠期,对工作不再有兴趣,就没有什么可以吸引他。现代社会,厌职情绪和对工作缺少激情在职场中相当普遍,权威部门通过调查有数据显示,有一半人对自己的工作显示不满意或厌倦。并且,职业懈怠期越来越短,特别是在年轻人中,很多人在工作半年至八个月后,就对当下工作产生厌倦情绪。缺乏工作热情,产生职业懈怠期,是滋生拖延陋习的温床。

　　中国人民大学和新浪新闻频道,曾经联手做过一项调查,发现有七成上班族对自己的工作缺乏激情,认为自己的工作没有意思,对现有工作产生抱怨和讨厌。很明显,当人们在做自己喜欢的工作时,会付出200%的精力;当对工作感觉枯燥和没趣时,便懒得理睬,想办法逃避和拖延。可是现实很残酷,在生存和生活间,更多的人只能选

第八章
告别拖延：美好人生就此开启

择生存。面对 80% 机械而又重复的烦琐工作，如果不及时调整自己的情绪，就只能郁闷地生活一辈子。

生活中，很多人不能选择有趣的工作，只能从事单调重复的工作，看看下面一些工种：

（1）高速公路的收费员。每天在狭窄的空间内，面对一个小窗口，长年累月只是一个简单的小动作——不断把卡片递出去。

（2）超市里的收银员。每天在不停地看商品单价，然后收钱、找钱，还要面对难缠的顾客。

（3）输液室里的护士。他们一天的工作就是不停地扎针、扎针，耳朵里充塞的是病人们因害怕或疼痛发出哭喊和吵闹声。

（4）门市部销售员。因为产品不好卖，每天早上八点上班，下午五点下班，一天卖不出一件产品，已经连续好几天。

（5）城市公交司机。整天就是刹车、油门、油门、刹车。一天下来，背酸、腰痛、脚麻，明天起来，还得如此继续。

（6）小区门卫保安。坐在小小的岗亭里，看见车来，按键竖起栏杆，车走，按键放下栏杆，那按键都被磨得发亮。

（7）食堂里的洗碗工。每天面对一大堆油腻腻的碗，一只一只地擦洗，不知已经洗了几年，还要洗多少年。

（8）急诊科医生。刚刚在食堂端起饭碗，有人打来电话，病人需要插管，放下饭碗立即赶过去。

所有的工作在消磨中会越来越无趣，如果一旦想用拖延来逃避工作，日子就会变得沉重压抑。不要以为某种工作能让人开心、快乐一辈子，如果有这样的工作，谁都抢着去干了。即使原本很有兴趣的工作，干着干着也会厌倦。

解决职业懈怠期带来的拖延，唯一能做的就是提升对工作的认同感，调整自己的情绪和挖掘工作的价值感，认可自己的工作对社会是有意义的，对他人是有益的，从而激发工作热情，让自己愿意高效率高质量地去工作。

总结之后，我们可以通过如下三个方面的努力，保持我们的工作热情。

1. 挖掘自身价值，看到工作的意义

每天做着同样的事，说着同样的话，在这样的情况下，要保持工作热情，就要找到工作的意义和自身的价值。比如一位老师，这么多年站在讲台前，无数次说着同样的话，很容易陷入职业懈怠期。可是对于那些学生来说，老师的重复都是他们的第一次，老师做得更好，学生才能学得更好，老师重复简单的工作，关系着孩子们的未来。当老师觉得自己的工作意义重大，肩上担负着责任时，就能够激起工作热情。有了对工作的热情，就不想拖延，也不愿拖延了。

2. 管理好自己的情绪

心理学家告诫我们：心情影响工作，一定要先处理好心情再去处理工作，不要把情绪带到生活和工作中。良好的心态是快乐的源泉，每一个成功的人都是能够掌握情绪的人，而那些失败的人却总是无法控制自己的情绪。工作再累，生活再苦，都要收拾好自己的心情。愁是一天，乐也是一天，每天对着镜子中的自己笑笑，始终保持好心情。心情好了，做事就顺畅，就不会再出现拖延的想法。

3. 开阔工作的视野

在单调重复的工作中，如果想办法开阔视野，工作也就有了乐趣。比如输液室里的护士，可以把自己扮演成幼儿园的老师，给那些小朋友唱唱歌，讲讲故事，那些哭哭啼啼的小朋友就会开开心心地笑了。当一个人把快乐带给别人时，会觉得单调的工作也变得多姿多彩了，而自己也充满了活力，就不会产生拖延的情况。

很多时候，我们无法改变工作，改变环境，只能通过改变自己，去影响环境和工作。始终保持热情的工作态度，让生活有意义，生命有价值，是工作不拖延的有效良方。

走出舒适区，突破自己

有些人喜欢趴在舒适区里，一旦离开舒适区，便会感到焦虑、紧张、不舒服、不习惯、没有安全感等，在这样的情况下，面对要完成的任务，自然而然会选择拖延。所以，舒适区是产生拖延的重要原因。何为舒适区？指一个人所表现的心理状态和习惯性的行为模式，人在这种状态和模式中会感到舒适。每个人有自己的舒适区，在这个区域里，会感到放松、安全、有信心、相信自我。

比如老师让一个学生背课文，他站在自己的位置上背得朗朗上口，一旦要他走上讲台背诵，就显得不太熟练。对这个学生来说，座位是他的舒适区，在这个舒适区里，他能做得很好，走出座位就会感到不安。这个状况很常见，即使大人也如此，很多人和熟悉的人在一起能侃侃而谈，和陌生人在一起，会紧张、局促不安。同样地，在自

拖延心理分析课：
如何除掉阻碍你行动的顽疾

已生活的城市，哪怕去一个完全陌生的地方，心里都是踏实的。到一个陌生的城市，就会感到忐忑不安，也是因为走出了心理舒适区。

关于舒适区，最经典的案例是"温水煮青蛙"的实验。

实验者把一只青蛙放入锅中，然后点火加热。青蛙的体温随着水的温度进行自动调节，当水慢慢变热时，没有引起青蛙的警惕。当水很热时，青蛙却没有跳出热水的能力，于是被烫死了。

青蛙最终被水汤死，主要是因为舒适区造成的。同样的道理，人在舒适区里待久了，会失去意志，失去奋斗和上进心，从而导致各方面的能力逐渐下降，一旦需要做重要的事时，发现自己已没有能力承担，只能用拖延来掩饰自己的无能。之所以出现这种情况，因为这是一个递减的过程，自我不易轻易觉察，当有一天舒适区被打破时，便发现自己一无所有。

国内有个收费站被撤，一位36岁的女性员工，对调查记者说："我们把青春都献给了收费站，除了会做收费站的活，没有其他求生的本领。现在我都36岁了，谁还要我这个年龄段的工作人员？没了这收费站，我们怎么活下去？"这位工作人员就是因为在舒适区里待久了，面对生活变故，失去了应变能力，从而显示出对未来的无能为力。

这个人和马云聘请的老太太完全不同。马云曾经在网上发出年薪40万的招聘启事，他要找的是高龄老人。在很多应聘者中，一位八十多岁的老太太脱颖而出，这老太太是几个广场舞的领头者。她精神抖擞，思维清晰，做事麻利，尽管年事已高，却不断突破舒适区，找到最佳的生活方式，活出别人几辈子的精彩。

第八章
告别拖延：美好人生就此开启

有人说，有的人二十多岁就死了，只是到七八十岁才把躯体埋葬。说的是长期待在舒适区的人，过一天就是过一辈子，人生一眼能望到底。而有些人总是不断折腾，把一辈子活出别人的几辈子。在不断的折腾中，一次次突破自己，超越自己，活成别人眼中的风景。生活中，很多人把自己的一辈子活出别人几辈子的精彩，是因为他们想到做到，做事从不拖延，在与别人相同的时间里，做超出别人几倍的事。

一个人如果老是待在舒适区，就无法成长，无从知道自己的潜力，一旦遇到以前没有做过的事，就会感到害怕和恐惧，不知如何应付，从而开始无端拖延。想要解决因为舒适区外的工作带给自己的拖延，就要想办法走出舒适区，去发现自身的不足，然后进行突破，让自己变得强大，这样才能杜绝拖延。

如何才能突破舒适区呢？答案很多，仁者见仁智者见智。下面，提供几个突破舒适区的方法。

1. 坚定的信念

坚定的信念能产生不可估计的力量，当一个人毫不怀疑自己的行为目标是准确的、合理的，就会敢于跨越舒适区，去追求自己想要的东西。比如一个人唱歌很好，只是很害羞，不善于上台演唱。有一次歌唱比赛，奖金很丰厚，这笔奖金刚好能解决他眼前的急用。"一定要得到钱"的信念会打破他的舒适区，驱使他做出以前不敢做的决定，一般情况下，还能发挥得很出色。

2. 找到合适的方法

有的人会给自己制定走出舒适区的方式。只要能驱逐紧张，感到舒服，不一定要按照别人的方法来做，甚至可以借助道具来完成。就像有的人唱歌，习惯了拿着话筒唱，在没有话筒的情况下，就无法正常发挥，话筒就是他们找到舒适区的道具。这时，他们会把几张报纸卷成圆筒形状，拿在手里当话筒，这样就等同于找到了"舒适区"。

3. 客观公正地看待自己

从各方面认识自己，平时要多学习专业知识和专业技能，通过周围人的评价和自身的努力，客观公正地看待自己。比如领导叫一个员工去办公室，这位员工原本以为领导给他安排普通的工作，没想到却是一项很重要的任务。这时，他既兴奋又担心，兴奋的是得到领导的认可，担心的是怕自己没有能力完成。

领导的决定打破了他的舒适区，让他感到紧张、焦虑、恐惧和不自信。这时就要去分析自己，哪些方面有能力胜任这份工作，哪些方面的能力不足，然后再借助其他途径获得帮助。

4. 不断地学习

在不断学习的过程中，自身能力得到有效提升，自信心增强，容易突破舒适区。比如一个患有口吃病的学生，担心别人笑话自己，平时不敢举手回答问题。经过一段时间的训练，他的口吃病痊愈后，不但敢于站起来回答问题，还敢于站到讲台上去演讲。这说明，学习改变了他。

5. 明确的目标

当确立一个目标后，坚信朝着这个目标前行，一定会得到自己想要的东西，就会突破舒适区，去追逐自己的梦想。比如一个人立志要当一个飞行员，他的身体原本很孱弱，为了有个合格的身体，他会每天进行训练，并且不断增加训练强度，不达目的决不罢休。

舒适区能够束缚人的潜能，长期在相似的环境和心理下生活和工作，会对这一切产生极大的依赖。当要走出舒适区去解决问题时，会感到很不习惯，对舒适区的依赖会造成工作上的拖延。想要解决这种拖延，需要努力提高自身技能和知识，突破自我，打破舒适区，勇敢走出去。

学会用"互惠定律"

心理学上的互惠关系定律，说的是"给予就会被给予，剥夺就会被剥夺。信任就会被信任，怀疑就会被怀疑。爱就会被爱，恨就会被恨"。这与力的作用相似，只要一个物体对另一个物体施加了力，受力物体同时也会给施力物体施加相同的力。拖延症中也存在互惠关系。一个人喜欢拖延，拖延也会喜欢他，最终他会和拖延成为一对好朋友；如果一个人不喜欢拖延，即使拖延来找他，也会被拒绝和远离。

一旦拖延者与拖延做朋友后，每天需要找很多借口为自己解释。如果把找借口的时间和心思用到工作上，肯定能很出色地完成工作。

张三和李四是同学，毕业后两人去了同家单位。他们租住在一起，上下班都一同来回。

一天早上去上班，因为下大雨，路上堵车，两人都迟到了。领导问他们为什么迟到，两人说是因为下雨堵车。领导没有多说什么，只是让他俩以后注意点。

拖延心理分析课：
如何除掉阻碍你行动的顽疾

下班回家，张三对李四说："以后我们早点出门，堵车这种事随时都有可能遇到，它不是我们迟到的理由。"李四说："不就因为堵车吗？谁都难免遇到意外，领导又没有责备我们。别在意，没事的。"

自那天以后，张三每天早上都提早半小时出门，李四还是在同一时间出门。连续几个星期，没有遇到堵车。李四笑着对张三说："你看，你每天早半小时出门，白白地付出了，用这半小时睡懒觉，多好。"张三不赞同李四的话，继续比李四提前半小时出门。

张三用提前半小时到单位的时间，整理办公桌，写当天的工作日程，总结昨天的工作情况。等李四到单位时，他已经做好了当天工作的一切准备。

有一次，领导让张三和李四一起负责一个项目，两人一起做了工作进度表。一天，到了下班时间，李四约张三回家，张三说："今天的工作计划还没完成，我们加班吧。"李四说："剩下的活又不多，明天早上再做，不会耽误整个项目的进程。"张三说："说不定明天会有临时任务，今天的事我们必须今天完成。"李四说："要做你做，我回家了。"张三没有抱怨，点点头说："行，你先回去吧。"

原本他们两个是好朋友，因为工作态度不同，两人的行事风格相差越来越远。张三做事果断有责任心，总是在领导给定的截止日期前，顺利地完成工作。李四喜欢拖延，总是等截止日期来临，才匆匆把工作完成。

一年下来，因为下半年雨雪天气较多，不肯提前出门的李四，迟到了好几次。到了年底，在做总结报告时，大家发现，张三完成的工作总量，远远超出李四的工作量。一年后，该部门需要一个负责人，领导毫不犹豫地提拔了张三。

种豆得豆，种瓜得瓜，这就是互惠关系定律。一个人如何对待工作，工作就如何对待他；一个人如何对待生活，生活就如何对待他；同样，一个人如何对待拖延，拖延就如何对待他。

想要不拖延，就要准确认识拖延，与拖延保持一定的距离，不给自己有为拖延找借口的机会。

当想到"明天再做"时，立即改变思想，问自己"我现在是真的没有时间吗"；当自己所做的事出现错误被领导责怪时，不要满脑子去给自己找合理的借口，而是改成"这件事最终是这样的结果，我到底错在哪里？我该负什么责任"；当自己想偷懒时，问自己"我是真的累吗，还是只是想偷懒"……

每个失败的人，总是为失败找借口；每个成功的人，都为成功找方法。懂得"互惠定律"后，就要在生活中运用它，与有利的事物做朋友，远离对自己没有好处的事物或念头。只有这样，你才能时刻保持正能量，拖延等负能量才会渐渐远离你。

未完待续也是一种驱动力

1927年，心理学家蔡格尼克做了一个实验：实验者分成甲乙两组，让他们同时开始演算数学题。甲组全程演算完数学题，乙组演算到一半时让他们突然停止。接下来，蔡格尼克让两组实验者回忆刚刚演算的数学题，未完成的乙组明显优于甲组，这就是著名的蔡格尼克记忆效应。它是指人们对没有处理完的事情，记忆要比处理完的事情

拖延心理分析课：
如何除掉阻碍你行动的顽疾

印象深刻。尼克记忆效应也说明了人天生有一种办事完整的驱动力，当欲完成的动机没有得到满足时，便会留下深刻的印象；对于已经完成的事，会比较容易忘记。

为了向大家验证自己得出的实验论证，蔡格尼克和一群学生去餐厅吃饭。刚开始上菜时，蔡格尼克就问服务员，他们一共点了多少菜，具体是哪些菜？服务员没看菜单，精准无误地报出全部菜名。大家都惊讶于服务员的记忆力。等用完餐，蔡格尼克再次叫过那名服务员，遮住所有菜盘，让对方说出他们点的菜名，结果服务员基本都忘了。

这个试验再次有力地证明了：人在未完成的事情上，会投入更多的注意力，记忆也就特别深刻。根据这个特点，蔡格尼克效应也成了治疗拖延症的最佳方法。

有位作家，总因稿子拖延无法及时完成而痛苦，他的一个朋友，却总能不断地写出文章和出书，他去向朋友请教。朋友告诉他，自己总是在一个段落将要完成时，收笔不写。朋友不是不知道该如何完成，而是主动采取停笔，等下一个写作时间段再续上去。

他就是利用"接近"完成的状态，在每个段落即将结束时，调动起"认知闭合需求"来激励自己，在下一个写作时间段开始时，坐到书桌前能迅速地开始写作。这种效应就是"蔡格尼克效应"。"蔡格尼克效应"的特点是：

（1）对未完待续的事情的相关元素记忆特别深刻。

（2）未完成的事情，在认知闭合的渴求吸引下，希望能马上完成。

第八章
告别拖延：美好人生就此开启

生活中，我们都经历过这样的事：把一把雨伞借给别人，会特别记得这件事。并不是说这把伞有多值钱，而是因为这件事还没有完成，所以忘不掉。比如，张华当年借给朋友一本课外书，多年以后，张华对朋友说起这件事。朋友很惊奇，自己早已忘了这事，怎么张华还记得这件事？这是因为一件事开始了，还没闭合，人的注意力会持续被这件事吸引，直到这件事完结，注意力才会被转移。

这个作家听了朋友的方法后，也开始试着应用。每次写文章时，写到自我感觉最良好的段落，就突然停下来。因为是内容最精彩的地方，记忆就特别深刻，自我产生一种很想完成的驱动力。在"认知闭合"的冲动下，做一定休息后，不会选择拖延，就能主动开始，并快速进入工作状态。之前，这位作家坐在桌前就是不肯开始，然后站起来去倒水、去卫生间，甚至站到阳台去找灵感，总是很长时间进入不到工作状态中去，在起起落落中，浪费很多时间。

触类旁通，做其他事情时，都可以选择这个方法，在知道怎么做完的地方停下来，等下次再开始时就会容易些。这与解决拖延的另一个方法——选择从简单的事情开始是同一个道理。因为知道怎么做，就是一件简单的事，做事不需要太大的意志力。

研究人员发现，认知闭合需求由几个部分组成：首先它具有抓住目标的需求；其次有把注意力集中在这个目标上的冲动。这种冲动，能够使人快速投入到任务中，而不是产生各种不同的拖延借口，最后在没有如期完成的任务中，进入自责、懊悔、自我贬低等消极状态。

认知闭合需求产生的力量超过我们的想象，具有强烈需求的人更懂得自律，这类人往往也是同龄人中的领导者，他们能长久坚持，能做出准确的判断，并能有效地阻止一些无谓的争吵和猜测。

一个人成功的基本前提是做事有条理性，每个人都有不同程度的认知闭合需求。但是，有些人在事情做到一半停下后，没有继续做下去的欲望。这是为什么？这些人主要是懒，主观上不愿继续，认知闭合需求就起不了作用。所以，产生闭合冲动是有条件的：①目标起点明确；②目标终点明确；③主动采取中断，是为了下次更好地接着做。

未完待续是抓住人天生就有想办事完整的驱动力，根据这个特点，它能有效解决拖延的陋习。

态度不同，结果不同

我们常听到"态度决定一切"这句话。事实确实如此，对同样一件事，态度不同，结果就不同。很多时候，事情还没开始做，就认为做不成，于是要么选择拖延不做，要么做事不尽兴。理由很堂皇："反正不会成功的事，何必尽心尽力，还不是白白浪费时间和精力。"其实，很多事的成败由态度决定，不同态度会产生不同结果。对一件事情采取什么态度，付出多少，和这件事的最后结果肯定是成正比的。

有三个年轻人在一起砌墙，一个路人走过，问他们："你们在干什么？"甲说："我们在砌墙。"乙说："我们在盖一幢房子。"丙说："我们在建设一座城市。"

时间过得很快，转眼十年过去了，三个原本在一起砌墙的年轻

第八章
告别拖延：美好人生就此开启

人，有了不同的命运：甲还是砌墙工，在另一个工地上忙忙碌碌；乙成了工程师，正坐在办公室里画图纸；丙成了一家房产公司的老板，甲和乙是他的员工。

格局决定结局，态度决定高度。十年后，三个人有了完全不同的命运，让他们命运产生截然不同结果的正是做事的态度。

不同的人具有不同的心态，他们的追求和目标也就不同。积极乐观的人，必然有高远的目标，他们自信乐观，愿意为目标而努力奋斗。所有的努力最终都会有回报，他们必定能得到自己想要的东西。

就像上例的三个砌墙工，第一个人目光短浅，没有志向，在他眼里砌墙就是砌墙，所以一辈子只能做砌墙工；第二个人在砌墙时，想到整栋楼完成的样子，他把砌墙当成一栋楼来建，想的是如何把楼房建得更好；第三个人在砌墙时，虽然工作辛苦，心态却很好，他看到眼前的这堵墙不仅仅是一堵墙，而是一个新的城市。因为他相信，他能建造一个城市，所以干事特别认真专心，也特别自信，把砌墙当成一份事业来做，许多年后，他终于成就了自己的事业。

所有身边成功的人，都是做事认认真真、勤勤恳恳的人，而所有碌碌无为的人，都是抱着做一天和尚撞一天钟的心态。那些喜欢拖延的人，就是撞钟的和尚，他们对任务目标抱着无所谓的态度，对时间的流逝也常常视而不见。

心态会影响对事物的看法，积极的人像太阳，照到哪里哪里亮；消极的人像月亮，初一十五不一样。就像两个口渴的人，他们面前各自有半杯水，悲观的人想："真可惜，只有半杯水。"乐观的人想："真好，还有半杯水。"同样半杯水，因为态度不同，看待问题的态度

拖延心理分析课：
如何除掉阻碍你行动的顽疾

也不同，最后心情也不同。态度能够影响一个人成长的高度，不管做什么工作，都是如此。

　　一个人对事情的态度，决定他是否能够做得更好；一个人对职位的态度，决定他能否走到更高的职位上。同样，如果有两人自以为都得了拖延症，如果一人觉得拖延无所谓，他就不会去想办法改变；如果另一个人觉得拖延会影响自己的事业和生活，甚至影响自己一辈子的命运，就会想方设法去战胜它。

　　有一家企业老板给另一家企业老总发了一封电子邮件邀请函，陆续发了几次都被退回。老板问秘书是怎么回事，秘书没经调查直接回答老板，大概是因为邮箱已满。几天后，那位老总还是没有收到邀请函。老板再次问秘书，做事拖拉的秘书，对这事还是不够重视，给了老板同样的回答。结果公司因此失去了与那家企业准备已久的一个项目，火冒三丈的老板，把秘书辞退了。

　　再说另一企业的一位新秘书。她刚进公司不久，担任的大致是文员的工作，也就是帮部门负责复印文件、打印文字、收发传单这类活。但是她干活很认真，认为在其位就要谋其政，对打印和复印的文件，都会认真校对一次。一次，部门经理让她复印一份合同，站在旁边急着拿。她习惯性地先看合同内容，部门经理在一旁催促，她却坚持要看完。看到中途，她指着价格给经理看，原来小数点差了一位，经理吓了一跳。因为她严谨负责的工作态度，给公司挽回了很大的一笔损失，经理后来让她做了自己的秘书。

　　态度决定一切，做任何事，只要有心想要做好，总能做好，不努力的人，总不愿多思考一下，或多劳动一下。世上没有做不好的事，只有态度不好的人。有了好态度，多难的事都有希望成功。性格决定命运，性格是从平时的为人处世中培养出来的。只要一个人对工作热情、积极、认真、负责，那就肯定能做好。如果对工作选择回避、拖延、厌恶等，就只能接受平庸。

成功的人始终积极思考，积极做事；而失败的人，一切都是负面的，做事喜欢拖拖拉拉，时时处于抱怨、烦躁、讨厌这类负面情绪中。不管做任何事，态度不同，结果就截然不同。很多喜欢拖延的人，总认为自己改不了，如果能端正态度，坚定地对自己说："我一定行，没有我做不成的事。"然后立即实施战胜拖延行为的计划，那么拖延一定能够被战胜。

积极暗示，让自己乐观起来

人的大脑由前额叶皮质和腹侧纹状体两部分组成，二者分工不同。前额叶皮质负责决策，腹侧纹状体负责激励。当我们做出一个好的决策时，腹侧纹状体便会分泌出多巴胺，使我们积极乐观。这时，可以通过暗示让前额叶皮质也做出相同的决策。这样的话，前额叶皮质和腹侧纹状体都处于积极乐观的状态。当心情处于快乐愉悦时，就有行动力，执行力随之提升，拖延就相对减少。

为了让腹侧纹状体分泌多巴胺，可以不断给自己做积极的心理暗示。生活或工作中，面对将要去做的事，想象一些美好的画面，或者想象事情完成后的美好结果，这样便成功取得大脑的信任，个体基本不会产生拖延的念头，自然也就有动力去做事情了。

拖延心理分析课：
如何除掉阻碍你行动的顽疾

比如每天晚上，打算坚持进行一小时阅读，用什么办法让自己坚持呢？可以给自己做一个心理暗示，每天在看书前，觉得自己是一个找宝藏的孩子。每篇文章总有好的知识点和可以学习的地方，把这些有益的内容当成宝藏，每当学到一个知识点就是找到一个宝藏，把阅读过程当成寻找宝藏的途径，一边阅读一边寻找。等找到宝藏时，喜悦就不由自主地来临。

每次阅读前给自己做这样的暗示，怀着这样的念头去阅读，整个过程都充满趣味性。在这样的情况下，积极性被提起，拖延就得到有效改善。

对自己不断进行积极暗示时，心态会很好，也会更有执行力。比如决定健身，哪怕开始只做两个俯卧撑，也要鼓励自己，有开始比一切都好；如果打算开始学写作，哪怕一天只写100个字，也要告诉自己，小小的行动胜过一切的空想；当打算开始看书，哪怕只看一页，也要暗示自己，这意味着在向成功靠近。久而久之，一个人就形成了正面思考问题的能力，遇见任何事都能朝好的方面想，养成这个习惯后，行动就能打败拖延。现实生活中，如果能把暗示的力量用起来，有时候甚至能改变命运。

有个学生想要参加演讲比赛，在演讲前，紧张得全身发热，手心出汗。他怕自己因为紧张演讲不好，开始闭上眼睛，做深呼吸。他对自己说："我的实力比某某强，我的演讲能力比某某强，我的临场发挥比某某强……"他对自己不断做有利暗示后，整个人慢慢放松下来，感觉面对的不是强劲对手，没有什么好害怕的。等轮到他演讲时，整个过程很有信心，演讲自然完成得很出色。

第八章
告别拖延：美好人生就此开启

演讲之前，他采用了心理暗示法，让自己在心中和演讲对手做了横向比较。当我们面对不如自己的对手时，会信心百倍，反之，在内心首先就败了下来。

像很多重疾病人，当听到自己得了重病后，若能放下包袱，把每一天当成最后一天轻松地活，治愈的希望会更大。如果一听到自己病重的消息，整天担心自己活不了，这样会加快病情发展。这都是心理暗示起的作用。

平时，当我们从自己或他人那里得到各种积极暗示，心情会很愉快，觉得有信心和毅力面对生活的各种困难，心理暗示的积极作用，是通过积极的心理暗示获得的。

人的情绪基本都有周期，特别是女人，有时候会莫名其妙情绪低落。这时候，适宜做一些简单的重复性工作，因为容易操作，就不会加重心理负担。而很多被拖延的事，都是因为觉得太难，先被自己的想象吓倒，不敢开始，这些事要改在情绪高涨时做。一个人拥有好心态时，面对困难和挫折，会用极大的乐观去迎接，困难也随之变得弱小。更有可能斗志被激起，迎着困难而上，去挑战自己。

我们身体的活动、行动、工作效率，以及生活的各方面，都会通过潜意识来推动。如何暗示潜意识，潜意识就如何推动人的行为，只是平时大家没有留意到潜意识的这种作用而已。只要我们不断进行自我暗示"我要战胜拖延症，我要战胜拖延症……"把这个理念根植到意念里，平时所做的行为，都会朝着战胜拖延的行为发展。

若想让自己积极乐观，可以有意识地、积极地、不断地做自我暗示："我的一切都要变得更好，包括身体和生活，我的每一天都要变得更愉快和快乐。""我一定行，我是最棒的！""别人能做到的我一定能做到，我相信自己！""我一定能战胜拖延，一定能！"

可以说，心理暗示是最好的医生，比如一个人身体某部分有病痛时，可以对自己的潜意识进行暗示，不断告诉自己："我的病痛正在减弱，不断减弱，最后消失。"一段时间后，真的可能会有奇迹出现。

不管在任何时候，确定好目标后，都可以对自己的潜意识进行暗示，让潜意识去推动你的行动。当决心要战胜拖延的陋习时，就不断对自己暗示："我不要再拖延，从这一刻起，我一定要战胜拖延。""我一定能战胜拖延，我是主宰自己命运的主人！""任何不良的习惯都能被我改变，包括拖延。"

思想决定行动，行动养成习惯，习惯形成品质，品质决定命运，就是这个道理。潜意识每时每刻掌握着我们的身体，我们要重视潜意识的作用。把战胜拖延当成目标后，要不断对自己做暗示，让潜意识推动战拖的行为，告别拖延陋习就不远了。

不要总在潜意识里想着失败

决策拖延者（或者说犹豫不决的人）的潜意识里，想的不是成功，而是失败。他们在结果未出现时，就假设事情已经失败。这种假定的失败，支配了他们的行动，让他们想办法拖延，不是想办法成功。

一个拖延的决策者看事情总是犹豫不决，无法做决定，那是因为需要一种保护，不想让事情像他们想的那样走向失败，不开始做，那肯定就不会失败，所以他们选择拖延。他们把选择权交给其他人，逃避为糟糕的后果承担责任。如果非选不可，也不愿意搜集更多的资料，当事情真的失败时，他会说："是我不了解情况造成的。"这两种情况，可以看出拖延者的内心存在一种假设——假设选择错误。

在这种假设下，会大大降低明智选择的概率。他们在对成功不抱希望的心态下，就不可能走向成功。让他人代自己做决定，能否成功完全靠运气，因为别人无法代替你，不知道你的需求。他人被迫做了选择，会将有用的信息阻隔在外，与事实相违，无法找出关键问题，事情肯定不会成功。

就算是他人的选择成功了一次，基本上靠的是运气，而不是实力。至关重要的决策要自己做，还要积极获取有价值的信息，做出理性的决定，不要因为潜意识里对自己说"你会失败"，就放弃自己的选择权。

决策型拖延的人并不是缺乏做决定的能力，用不着依靠他人做出选择；他们也能获取有价值的信息，甚至可以更多更详细。人们做的每个决定不一定都能取得成功，失败的概率还是很大，只要是用心做的决定，就有可能带来成功。

如果你是决策拖延者，现在就下定决心改变自己，在做决定前，把目光集中在成功上，摒除潜意识里"会失败"的念头，拒绝拖延，勇往直前。

生活中，我们肯定害怕失败，潜意识里就会想办法逃避，用"失败"来提醒自己，想办法拖延。一旦形成习惯后，若想改变十分困难，但并非不能改变，如果把决策能力当成一块肌肉的话，那么它需

拖延心理分析课：
如何除掉阻碍你行动的顽疾

要进行有效的锻炼。这样的锻炼可以从生活中开始，从小的事情上开始。比如吃饭，可以决定出去吃还是在家里吃？到哪里去吃？吃什么之类的事情。

如果与同事共进午餐，由你来拿主意，选择吃什么。你要相信自己能做出让大家都满意的选择。带着这种态度，综合考虑每个人的口味，研究附近餐厅的情况等。当你把方方面面的事情都考虑到，就算同事们没有称赞你，至少不会埋怨或者嘲笑你。

锻炼决策力不能盲目进行，以下几条都是关注成功的决策方式，能帮助你克服潜意识里对失败的恐惧心理。

1. 备选项过多，将不同的选项进行分类和再分类

做选择时要面对各种选项，果断的人会积极获取有用的信息，犹豫不决的人拒绝获取更多信息，想办法拖延，最后一事无成。

一个人打算找工作，他可以将工作分为全职和兼职两种，然后问自己："我喜欢每天都按部就班地去工作，还是喜欢自由支配自己的时间呢？"

如果选择了全职，就再分类，将全职工作分为外向业务型和内向劳动型，继续问自己更喜欢哪个。以此类推，直到完全推断出自己的喜好，没有多余的备选项。

2. 当无法做决定时，把想法记录下来

当阻碍做决定的念头出现时，告诉自己，要果断地做出选择，选择未必会失败，但是拖延着不选择，最后肯定会失败。

要认真对待事情的每一个步骤，有想法就随时记录，并且实施，这样就离成功更近一些。不妨憧憬一下成功后的情景，增加成功的欲望,让自己行动起来。

3. 列出各个选项的利弊清单

假设一个人为选择居住地犹豫不决,不要等着,用头脑去空想,而是用笔记录下头脑里的各个选项,然后分析利弊。

两个选择,一个是住在自己工作的市区,另一个是住在郊外和父母在一起。画个表格出来,把两个选择的利弊写下来,进行比较。清单里面记录的内容要全面,房屋的价格、环境,对未来的影响,等等。比较的过程要慎重,不能漏掉关键的项。

清单越详细,对比越清楚,不用再考虑,就能直观地知道住在哪里更合适。

4. 坚持做已经决定的事情

做出了决定,就要去实施,要不然就会拖延,要坚持到最后,否则做任何事都不会成功。既然做出了决定,就要向前看,不能瞻前顾后。

遇到挫折的时候,我们会对自己的决定产生怀疑,那些反对的意见会接二连三地冒出来,让人感觉真的要失败了。任何事都有成功和失败,努力了才能够离成功更近,停顿下来进入拖延的情况,就会失败。所以,在行动的过程中,要坚持和相信自己一定会取得成功。

5. 不要急于决定

做决定时,不是做出决定越快越好,而是越稳越好。做决定前,要搜集足够的有效信息,考虑到方方面面可能遇到的问题,以及解决这些问题的方法,然后再做决定。

不用担心搜集的信息不够全面,很多信息处于变化中,今天和明天的情况也会不同。就像买房子，要是担心房子涨价就希望尽早买，要是相信房子降价，就会一拖再拖。事实证明，我们很难对房价的走势做出准确的预测，要考虑自身的能力和需求，再做出决定。行动起来，不要拖延，不急着做决定是要考虑更多的具体因素，不是拖拉着不做事。

　　频繁地做决定会让很少做决定的人感到疲劳，也会让人的决策力渐渐变强，自信心越来越足。就像一个技术活，熟能生巧，总有一天会驾轻就熟，不畏惧任何需要决定的事情。要做到这样，首先要摒除拖延，不要停下来等待。